国家重点研发计划项目

《文化和科技融合特色产业集聚公共服务平台研发与应用示范》

（项目号：2019YFB1406000）

文创理论
与中华文化
创造力

胡 钰 著

人民出版社

目　录

绪论
中华文化的当代发展与国际传播

  2018 年 1 月，笔者带学生到阿联酋大学访问，这所学校是中东地区的顶尖大学之一，也是亚洲大学联盟的成员之一。在一个下午三个多小时的访问中，学校的专业接待水平令人记忆深刻，从入校开始的合影拍照，到电瓶车的无缝接送，再到学校演播室的人物专访，甚至于我们还没有离开学校，我们到访的新闻已经上了大学的国际社交媒体主页，效率奇高！

  在与阿联酋大学学生进行的座谈会中，谈到当地大学生喜欢的国外文化时，有学生说到美国文化，也有学生说到日本文化、韩国文化，但没有人提及中国文化。我问是不是因为学校里没有中国留学生或人数太少，得到的答案是中国留学生人数并不少，比日本、韩国的留学生都多。那为什么日本文化、韩国文化在阿联酋大学学生中更有影响力呢？回答是：因为当地许多学生爱看日本动漫，爱看韩国偶像组合演唱与韩国电视剧。

  当天的座谈会开得很热烈，会后，两国学生在校园里又继续交流。交流的方式也很有意思："斗歌"。简言之，两方学生轮流唱歌，一方一首，接续进行。斗歌中，尽管双方听不懂对方语言，但那种音乐的旋律和演唱者的表情、动作是能打动人的，现场气氛越来越热烈，到了后来，有中国学生高唱起《好汉歌》，"大河向东流啊，天上的星星参北斗啊，说走咱就走啊，你有我有全都有啊"，激昂的旋律引起中国学生全体合唱，也引发两国学生全体共鸣，现场气氛达到高潮。再之后，两方学生似乎还不过瘾，又开始"斗舞"。舞蹈更是跨越语言的交流方式，现场气氛不断掀起新高潮，到后来两国学生一起舞蹈，情绪高昂，友谊陡增。待离开时，不少学生相互留下联系方式。

离开学校时，笔者注意到，学校道旗上清晰地宣示着阿联酋大学的办学理念：创造、独特、创新、卓越、幸福（Creativity, Uniqueness, Innovation, Excellence, Happiness）。笔者想，这应是当代大学的共同理念，也应是当代人类社会发展的共同途径。

对于中国文化在阿联酋大学的影响力不够的问题，笔者与该校的中国留学生做了交流，与一起访问的清华学生进行了讨论，结论是一致的：中国文化需要以更现代的形式、更积极的姿态向世界传播。

近些年来，笔者在做中国文化传播的研究过程中，访问了许多国家，接触到许多国际人士，一个突出的感受是：国际社会知道中华文化有多古老，不知道中华文化有多现代。印象很深的是曾与一位韩国资深中国文化学者聊天，他懂中文，说自己正在读《孟子》，觉得很有收获，我表示了同感并问他对当代中国作家的作品有哪些更喜爱，出乎意料的是，对方的回答干脆而清晰：没有，不了解当代中国的作品。

这些年在国外访问时多会去中国政府在当地建立的中国文化中心，笔者注意到，除了传统的书法、京剧、武术外，有两类中国文化内容更受欢迎：一类是许多外国人对中医、太极等充满了兴趣，因为确实可以治病养生，但不太了解其中的机理；另一类是中国的现代舞演出、当代艺术展也很受欢迎，因为觉得很有活力也有时代感，与古老的中国形象有反差。

记得在希腊访问时见到一位希腊学者，尽管他不懂中文，但对中国文化特别感兴趣，居然到过中国50多次，其中5次到西藏，6次到新疆，甚至在青藏铁路刚通车时自己就坐火车进藏，还出版了摄影集反映中国的风景与人文。他说自己从15岁起就阅读关于中国的书籍，不但读孔子、老子，也读当代中国作家的著作。这位希腊学者在谈话中特别谈到了起源于希腊的马拉松长跑，在他看来，马拉松不仅是运动项目，更是爱国主义的体现，遗憾的是，现在很多人忘记了后者。公元前 490 年，雅典人在马拉松战役中战胜入侵者波斯人，为了报送胜利信息，当时的送信者从马拉松到雅典一口气跑了 40 多公里，报信后身亡。在谈话中，他诚恳地建议，中国要特别重视自己民族的历史文化保护、发展并向世界传播，因为中国与希腊有着一样丰厚的历史文化，可以共同为当今世界提供文化营养。

或许作为古老文明发源地的国家对于人类文明的认识格外深刻，就在 2019 亚洲文明对话大会上，希腊总统帕夫洛普洛斯在演讲中谈到了对人类文明实质与特征的认识，对文明多样性的尊重，也特别称赞了中国在世界文明交流互鉴中所做的努力。

　　希腊文明是欧洲乃至整个西方文明的摇篮。我们将经验转化成知识，将知识转化为科学。但我们并没有优越感。我们深知各文明都是平等的，都是独一无二的，每个文明都有自己的特征。真正的文明是以人为本的。文明因人类而存在，人类创造了文明。

　　人类应捍卫自己的价值和特性。因为真正的文明尊重多样性。多样性是文明的基本特征。当前，国际上有些人鼓噪所谓"文明冲突论"，这是十分错误的。事实上，真正的文明之间不应也不会发生冲突对抗。不同文明之间存在差异，应相互尊重，通过对话交流，相互借鉴，取长补短，这才是世界持久和平和人类和谐共处之道。

　　中国在世界文明交流方面作出了巨大贡献，而且将继续作出贡献。我们赞赏中方为文明对话作出的努力。文明的对话让人类意识到，我们在共同的星球上能够同呼吸、共命运。我们的共同之处远大于分歧。在这样的基础上我们能为人类创造更美好的未来。①

---

① 刘仲华等：《加强文明对话　深化合作交流》，《人民日报》2019 年 5 月 16 日。

　　中华文化的当代发展与国际传播，已经成为中国文化建设中的重要时代使命，这不仅是为了中国文化，也是为了人类新文明。进入 21 世纪，一系列突发事件极大地冲击着人类世界的和平与发展，这其中，9·11 事件、国际金融危机和新冠肺炎疫情是最具全球性的三大挑战。这些挑战为世界带来了不安全、不和谐、不信任，让原本已经通过现代信息技术充分连接的世界日益分化，而这样的问题，显然需要人类世界形成合力共同解决。

　　在世界的对抗性愈发凸显、信任感愈发降低的时代，解决对抗的观念远比制造对抗的武器更重要，前者带有更加根本的意义，而后者只能让信任感更低、对抗性更强。"人类的希望在于思想而不是枪炮。尽管铸剑与铸犁花费同样多的脑力劳动，但是选择铸犁却需要拥有更崇高的人类价值观。"[1] 让世界更好地懂得中华文化的历史底蕴、精神实质，喜爱中华文化的当代发展、创意表达，让中华文化更好地推动世界文化向更高级、更多样、更和谐的人类价值观、人类新文明发展，这对人类命运共同体建设、全球可持续发展具有越来越重要的意义。事实上，在物质、技术日益发达的当代，世界比任何时候都更需要包容与团结，因为后者才能带来真正的快乐与可持续发展。而要实现包容与团结，从古希腊到文艺复兴，从孔子到爱因斯坦，人文精神是人类共同的积极文化基因，具有日益重要的关键意义。

　　中华文化传统中有着数千年的人文精神积淀，早在《尚书》中就提出了"惟天地万物父母，惟人万物之灵"的思想，其天地人和谐相处的理念为解决人类问题提供了深刻的历史智慧，事实上，儒释道等各家学说对人的关注、对民的关注、对生命的关注、对心灵的关注、对平等的关注、对自由的关注都是普遍的、深刻的，值得国人细细品味，切切践行。而这也

---

① ［美］沃尔特·李普曼：《幻影公众》，林牧茵译，北京联合出版公司 2020 年版，第
　　21 页。

成为当代中国文创发展的丰沃土壤，成为当代人类文明的人文主义的重要历史源头。面对当代世界人与自然、人与人的冲突，高扬人文精神远比笃信强权重要。

　　进入21世纪，人类的全球化进程日益深化，经贸往来、技术进步让不同民族间的交往与影响愈发深入，但值得重视的是，全球化进程的物质准备与精神准备非常不平衡，具体看，全球化的经贸、交通、通信条件已经很发达，但全球化的观念、文化、思想共识还没有充分建立起来。人与人之间，没有建立起适宜的相处之道，过于紧密的接触常常会带来冲突，国与国之间，亦是如此。对拥有5000多年文明史的中华文化来说，如何在全球化进程中既保持自我又贡献世界，更是一个大课题。在2000年的一次演讲中，费孝通对人类如何树立和平相处的理念问题有过阐述："21世纪的脚步声已依稀听到，人类正在匆匆构筑21世纪的共同理念。不同的国家、民族、宗教、文化的人们，如何才能和平相处，共创人类的未来，这才是摆在我们面前的课题。""在与异民族相处时，把这种'和'的理念置于具体的民族关系之中，出现了'和而不同'的理念。这一点与西方的民族观念很不相同。这是历史发展的过程不同即历史的经验不一样。所以中国历史上所讲的'和而不同'，也是我的多元一体理论的另外一种说法。承认不同，但是要'和'，这是世界多元文化必走的一条道路，否则就要出现纷争。只强调'同'而不能'和'，那就只能毁灭。'和而不同'就是人类共同生存的基本条件。"①

　　进入新时代的中国渐渐走近世界舞台的中央，不仅是以自己的工程、技术展现实力，也要以自己的文化、创意展现魅力，更要为世界提供公共思想产品、共同价值理念。人类命运共同体、地球生命共同体的理念，凸显了中华优秀传统文化中的"和而不同""天人合一"的理念与理想，对于解决当代人类面临的重大全球性挑战，具有极其深远的思想意义，是重

---

① 费孝通：《中国文化的重建》，华东师范大学出版社2014年版，第276—277页。

要的当代发展。在当代人类新文明的建设之中，中国人不能缺席，中华文化不能缺席。

要让中华文化更好地引领时代与贡献世界，需要积极的姿态，更需要崭新的理念。文创理念是在当代中华文化发展特别是文化创意产业发展实践中形成的新观念，基础在"文"，即文化，关键在"创"，即中华优秀传统文化的创造性转化和创新性发展。从狭义上来看，文创理念是推动文化发展的新观念，其核心特征是创新与跨界，以一个更广阔、更多维的视角推动文化发展。从广义上来看，文创理念是推动经济社会发展的新观念，其核心特征是以文化创意为引领元素和带动力的新发展模式，即以文化创意整合各种发展要素，以满足社会的精神需求为关键目标，打造"乐经济"与"暖发展"。事实上，文创理念的深层次意义在于，以精神需求引领物质生产，以物质生产满足精神需求，实现以文化人、以文立国、以文济世。这是人文精神指导下的中华文化发展观。

从近年来国潮的兴起与发展中，可以看到中华文化的生活之力。中国货成为时代潮，成为热销产品，成为中国人的自觉选择。这体现出，东方美学是优雅的也是日常的，是传统的也是时尚的。更重要的是，愈发平视世界的当代中国青年愈发理性而自信地看待全球视野中的中华文化，推动传统文化的当代创意发展，推动中华文化与世界文化的交流与互鉴。

从近年来乡创的兴起与发展中，可以看到中华文化的生态之美。乡村承载了天人合一的中华文明追求，美的生态中寄托着中国人的精神追求，更蕴含着中华传统的习俗、美德与智慧，成为当代中国文创人的兴奋点与滋养地。许多优秀文创人进入乡村，以文化创意为带动性力量，带动各种现代发展要素进入乡村，以深耕细作的"滴灌"替代大资本扩张的"漫灌"，推动乡村文化振兴以及全面振兴。

从抗击新冠肺炎疫情中，可以看到中华文化的生命之道。生命第一，重生乐生，对生命的重视让中华民族千年繁衍生生不息，也让当代国人在面临大灾时精诚团结。而舍己为人、舍小我为大我更是凸显了中华文化的生命大爱。抗疫让中国人对自己与生俱来的文化基因与"日用而不知"的文化价值有了更清晰的认识，文化自觉感增强，文化归属感增强，因而文化使命感也在增强。全球抗疫凸显了不同文化的差异性，也让越来越多的中国人反思人类的文化命题，探索为当代人类新文明建设作出中国贡献。

2021 年 6 月初，笔者去拜访许渊冲先生，老先生仔细谈了中华文化传统中的"天下大同"思想以及"共同体"思想的历史源流，认为这与中国现在坚持的道路有着一致的价值取向，认为这种思想可以有效解决当代世界的文化冲突，现在需要更积极有效地对外传播中华文化与中国道路的价值观念，特别是要准确地进行翻译，让世界准确知道中国人在想什么、在做什么。在谈到中华文化"走出去"的问题时，老先生淡淡而又自信地说："越来越出去的！"①

2021 年 12 月，在中国文联十一大、中国作协十大开幕式上，习近平总书记指出："中国人民历来具有深厚的天下情怀，当代中国文艺要把目光投向世界、投向人类。广大文艺工作者要有信心和抱负，承百代之流，会当今之变，创作更多彰显中国审美旨趣、传播当代中国价值观念、反映全人类共同价值追求的优秀作品。各国人民的处境和命运千差万别，但对美好生活的不懈追求、为改变命运的不屈奋斗是一致的，也是最容易引起共鸣的。"②

中国特色社会主义道路创造了人类文明新形态，提高了中国文化软实力。中华文化生生不息，不仅属于中国，也属于世界；不仅属于传统，也属于未来。人类的和平发展需要"新大同世界"而不是"新罗马帝国"，

---

① 2021 年 6 月 17 日，许渊冲先生去世，距离笔者去拜访的日子不过两周。此次交谈留下了宝贵的视频资料。在交谈中，许渊冲先生对中华文化的世界意义与中国人的翻译能力具有强烈的自信，希望有更多的青年人以更专业的跨文化传播本领投身到中华文化的对外传播中。

② 习近平：《在中国文联十一大、中国作协十大开幕式上的讲话》，人民出版社 2021 年版，第 12—13 页。

需要"新人文主义"而不是"新冷战观念",在此进程中,中华文化可以且应该发挥更大的作用,中华文化要以崭新的理念拓展自身的创造力与传播力,如此,中国才可以真正走近世界舞台中央,世界也才可以真正走进中国精神深处。

第一章　中华文化的人文精神

中国的经济发展举世瞩目，但经济与文化发展的不平衡问题也引起广泛反思，这一问题是对中国文化发展的思考，更是一种期待，期待拥有绵延悠长文明史的中华文化对世界文化作出更大贡献。中华文化强调以人为本、以德为本、以和为本，从历史上看，这种文化精神是中华民族共同体形成的最深刻心理纽带，从当代看，这种文化精神是人类命运共同体形成的最独特价值基础。

第一节　中华民族的文化自觉与文化自信

一、中华民族的文化自觉

当代民族国家的出现，既是政治共同体，也是历史文化共同体，后者带有更根本的意义，对内凝聚人心，对外展示形象。从"中华民族"一词的提出看，其时代背景正是 20 世纪初中国国力衰退民心涣散之时，1902 年 4 月，梁启超在《新民丛报》第 5 号上连载的《论中国学术思想变迁之大势》一文中提出"中华民族"的概念，这被认为是该词的最早出现。到 1905 年，梁启超对这一概念内涵进行了新的定义，"中华民族自始本非一族，实由多数民族混合而成"。梁启超对"中华民族"一词的创造和使用，

"体现了现代中华民族意识觉醒的最初阶段性"。①

值得重视的是，"中华民族"概念一经形成，就成为百余年来中国救亡图存、自强不息进程中的核心概念之一，具有极强的凝聚力，将汉族与少数民族凝聚在一起，成为中华民族共同体，作为中华文化的整体性群体，产生了一致性的身份认同。最具典型性的是，抗战期间诞生的《义勇军进行曲》中就有"中华民族到了最危险的时候"的歌词，而这一歌曲最终成为中华人民共和国国歌。应该说，"中华民族"概念的形成，是中国近代发展中极具创造力的文化创新，产生了深远的影响。

中华民族依托的文化根基是中华文化，中华文化形成的依据是共同的土地与共同的历史，共同的时空构成了共同的文化价值观念。尽管不同民族文化有各自形成的不同源头与地理气候特征，但是在漫长的发展过程中，逐渐融合，形成了主体稳定、核心价值观明确的文化实体，这其中，汉字发挥了重要的交流传承作用，经典典籍发挥了重要的思想内核作用。正是因为有着共同的民族文化价值观与共同的民族文化地理空间，中华文化的精神空间与物理空间是稳定的。"中华民族"概念一经提出，立刻得到认同，其内在机理正是中华文化的"日积月累"与"日用不知"。

费孝通认为，"中华民族作为一个自觉的民族实体，是在近百年来中国和西方列强对抗中出现的，但作为一个自在的民族实体则是几千年的历史过程所形成的"②。事实上，这种"自在"的过程就是一个不同民族文化融合的过程，最终形成了"多元一体格局"，这也说明，中华民族作为历史文化存在的稳定性更强于政治存在，更突破地理限制。

中华民族存在的共识基础在于对其历史文化的自觉认知。费孝通提出，"文化自觉，意思是生活在既定文化中的人对其文化有'自知之明'，明白它的来历、形成的过程、所具有的特色和它发展的趋向。自知之明是

---

① 黄兴涛：《重塑中华——近代中国"中华民族"观念研究》，北京师范大学出版社 2017
　年版，第 66—67 页。
② 费孝通：《中国文化的重建》，华东师范大学出版社 2014 年版，第 3 页。

为了加强对文化转型的自主能力，取得决定适应新环境、新时代文化选择的自主地位"。"作为中华民族的成员，我们有责任先从认识自己的文化开始，在认真了解、理解、研究传统文化的基础上参加现代中华新文化的创造，为新世纪的文化建设积极准备条件。"①事实上，民族文化作为一种"日用而不知"的存在，如果没有"自知之明"，面对世界各种文化的冲击，只会是"东风来了向西倒，西风来了向东歪"，东西摇摆中毫无自主性，又何谈自信心？

　　从理论与逻辑的维度看文化自信，有了民族的身份认同与文化自觉，才会去主动认识自己的文化，认识民族文化对自身成长的根本性意义，认识本民族文化与其他文化的差异。这种认知过程是需要启发的，往往也是需要外力的。如同中华民族意识的觉醒是源于中华民族受到外敌入侵的冲击，当生存权被挑战时，民族身份与文化自觉成为保存民族生命的本能被激发出来。同样，2020 年开始的全球抗疫，对于人类文化多样性又是一次集中的展示。中华文化对于生命的重视高于一切，而且不但重视自己的生命也重视他人的生命，因此不论是戴口罩还是自我隔离，乃至通过现代技术手段确定"时空伴随者"，都能得到民众的广泛接受，但在许多西方文化中，自由权、隐私权更重要，个人自由具有相当的绝对性，戴口罩与自我隔离都会引发社会抗议。这对于中华民族的文化自觉、中华文化的自我认知又是一次集中的推动。

　　文化差异不意味着文化高低，一方水土养育一方人，一种文化养育一种精神。每一种文化都不是完美的，都有其优点与不足，但对个体来说，有最适合的文化归属。这种文化归属感清晰化后就成为了文化自觉。有了文化自觉，认识到文化对个体与民族的根本性意义，就会生发出对民族文化的情感认同、价值认同，这种认同会产生难以估量的力量。

　　从世界范围内看，文化自觉产生文化自信形成民族凝聚力，具有普

---

① 费孝通：《中国文化的重建》，华东师范大学出版社 2014 年版，第 35—39 页。

遍性。俄罗斯民族对民族文化有着高度自觉，俄罗斯是文化大国，文学、音乐、美术等领域的大师可谓群星灿烂，他们不但为俄罗斯创造了民族文化财富，也成为民族文化纽带。在圣彼得堡，可以看到许多以这些伟大人物命名的公共建筑，比如地铁站有陀思妥耶夫斯基站、车尔尼雪夫斯基站、柴可夫斯基站、马雅可夫斯基站、高尔基站等。更具代表性、典型性的是以色列的建立与发展，犹太人为了复国，将希伯来语视为"民族之珍宝"，视为民族国家复兴的根基，对移民到巴勒斯坦的犹太大众来说，尽管放弃各自五花八门的母语重新说一种新语言是辛苦的事情，但大众与精英共同努力，坚持不懈地推动现代希伯来语的重生、创造与普及，逐渐复活了这门古老的语言。通过融入现代生活的传统语言与信仰，作为现代民族国家的以色列的历史认同迅速得以建立起来，形成强烈的历史自觉，并转化为文化自觉，进而成为民族内化的文化自信。

进入新时代，中国提出了中华民族伟大复兴的"中国梦"。从"中华民族"这一概念承载的丰厚历史文化内涵上看，伟大复兴目标对当代中国树立文化自信、建设文化强国，无疑提出了更高的要求。如何形成对中华民族历史文化的共识，对未来前景的信心，成为新时代中国发展中的重大战略任务。

应该指出的是，强调文化自信不是文化自负，不是文化保守主义，而是在充分认识文化根基与文化多样性的前提下，基于民族文化，吸取不同文化要素，适应时代发展需要，发展民族文化。文化自信的重要体现是民族文化的强大创造力，是本民族对自身文化发展的主导权。从文化自觉到文化自信，在此基础上，推动文化自强，去创造中华新文化，贡献人类新文明。这是一个完整的逻辑。

二、文化自信的提出与意义

从历史与现实的维度看文化自信，当近现代中国在学习西方先进科技、经济、制度时，轻视、忽视了自身的文化基因，导致当代中国文化发展中的不自觉、不自信现象，在当代中国的经济日益走近世界舞台中央时，当代中国的文化却并未同步跟上，由此出现中国在世界的贡献度和美誉度的不匹配、经济硬实力和文化软实力的不匹配，这两个不匹配的问题已经严重制约了中华民族伟大复兴的进程。

对于当代中国来说，讲好中国故事，做好国际传播，让世界读懂中国，已经不是一个战术性的小问题，而是关乎国家战略的大问题。让世界更好地认识中国的发展，不仅要着眼于经济维度、具体举措、发展成效，更要从中国发展背后的历史文化原因入手，做好中华文化的国际传播，让世界了解没有中华文化就没有中国发展，如此，才能更有说服力，也才能让中国的国家形象更加丰满、亲切。

党的十八大以来，宣传思想工作在全局工作中的重要性愈发凸显，而文化工作在宣传思想工作中的重要性亦愈发凸显。这一变化，是由中国所处的愈加开放的国际环境以及中国在国际环境中愈加突出的位置决定的，是由中国面临的愈加紧迫的、向世界讲清楚中国特色的时代任务决定的。

2013 年 8 月，就如何向世界讲清楚"中国特色"，习近平总书记在全国宣传思想工作会议上指出："宣传阐释中国特色，要讲清楚每个国家和民族的历史传统、文化积淀、基本国情不同，其发展道路必然有着自己的特色；讲清楚中华文化积淀着中华民族最深沉的精神追求，是中华民族生生不息、发展壮大的丰厚滋养；讲清楚中华优秀传统文化是中华民族的突出优势，是我们最深厚的文化软实力；讲清楚中国特色社会主义植根于中华文化沃土、反映中国人民意愿、适应中国和时代发展进步要求，有着深厚历史渊源和广泛现实基础。"① 这"四个讲清楚"凸显了中华文化对阐释"中国特色"的支撑作用，也阐释了中华文化的经济意义、政治意义。在

---

① 习近平：《论党的宣传思想工作》，中央文献出版社 2020 年版，第 17 页。

理解与传播"中国特色"上，树立文化视角，具有极强的现实意义与理论意义，也充分展示了文化自信。

从近些年来中国发展面临的国际挑战来看，国际舆论环境、国家形象建设、国际社会评价等领域的问题愈发突出，很多时候，中国发展的"实情"并不决定国际传播的"舆情"，甚至出现严重背离。究其原因，是国家文化软实力没有充分建立，国际传播力没有有效提高。对中国发展来说，有"做法"没"说法"的短板亟待补齐，"大而不美"的问题已经成为战略性挑战。

2013年12月，十八届中共中央政治局第十二次集体学习的主题为"提高国家文化软实力"。习近平总书记指出："提高国家文化软实力，要努力展示中华文化独特魅力。在五千多年文明发展进程中，中华民族创造了博大精深的灿烂文化，要使中华民族最基本的文化基因与当代文化相适应、与现代社会相协调，以人们喜闻乐见、具有广泛参与性的方式推广开来，把跨越时空、超越国度、富有永恒魅力、具有当代价值的文化精神弘扬起来，把继承传统优秀文化又弘扬时代精神、立足本国又面向世界的当代中国文化创新成果传播出去。"[1]2014年10月，在十八届中共中央政治局第十八次集体学习时，习近平总书记再次强调："中华优秀传统文化是我们最深厚的文化软实力，也是中国特色社会主义植根的文化沃土。"[2]这两次政治局集体学习中对中华文化与国家文化软实力的关系做了清晰的阐释。增强中华文化影响力，是提高国家文化软实力的根本性、关键性途径。换言之，要提高国家文化软实力，就要到中华优秀传统文化中去找寻创造的对象、自信的源头，返本才能开新，守正才能创新。

随着对中华文化与文化工作的重视程度提高，"文化自信"的理念得以正式提出。在2016年7月1日召开的庆祝中国共产党成立95周年大会

---

① 习近平：《论党的宣传思想工作》，中央文献出版社2020年版，第49—50页。

② 习近平：《论党的宣传思想工作》，中央文献出版社2020年版，第90页。

上，习近平总书记首次明确提出了包括"文化自信"在内的"四个自信"，全党要坚定"道路自信、理论自信、制度自信、文化自信"。"文化自信，是更基础、更广泛、更深厚的自信。"① 在 2016 年 11 月召开的中国文联十大、中国作协九大开幕式上，习近平总书记进一步作出阐释，"文化自信，是更基础、更广泛、更深厚的自信，是更基本、更深沉、更持久的力量。坚定文化自信，是事关国运兴衰、事关文化安全、事关民族精神独立性的大问题"②。这一论断，把文化自信对于国家、民族的意义提高到前所未有的高度，并由此成为新时代弘扬中华文化、建设中国特色社会主义文化强国的主线。

值得关注的是，"文化自信"理念的提出成为当代中国文化发展中极其重要的历史性事件，也成为具有引领意义的标识性理念，其影响力重大而深远。从一定意义上说，这与"中华民族"概念的提出同等重要。前者强调了中华民族的身份认同，后者强调了中华民族的价值认同。从 20 世纪初到 21 世纪开端，一百余年来，中华民族的身份认同、价值认同在历史的曲折前进中不断明确、强化，成为中华民族生存与发展中最深刻的凝聚力与驱动力。

2021 年 11 月，在《中共中央关于党的百年奋斗重大成就和历史经验的决议》中，明确指出，"党准确把握世界范围内思想文化相互激荡、我国社会思想观念深刻变化的趋势，强调意识形态工作是为国家立心、为民族立魂的工作，文化自信是更基础、更广泛、更深厚的自信，是一个国家、一个民族发展中最基本、最深沉、最持久的力量，没有高度文化自信、没有文化繁荣兴盛就没有中华民族伟大复兴"③。这是从大历史观的角

---

① 习近平：《在庆祝中国共产党成立 95 周年大会上的讲话》，《求是》2021 年第 8 期。

② 习近平：《在中国文联十大、中国作协九大开幕式上的讲话》，人民出版社 2016 年版，第 6 页。

③ 《中共中央关于党的百年奋斗重大成就和历史经验的决议》，《人民日报》2021 年 11 月17 日。

度对"文化自信"理念的再一次强调，凸显了文化自信的理论意义与实践意义、历史意义与现实意义。

文化自信的根源在于五千多年中华文明的深厚积淀，对中华优秀传统文化的传承与传播既体现了文化自信，也巩固了文化自信。对迈向第二个百年奋斗目标的当代中国来说，推进中华优秀传统文化的研究与传播、传承与发展，无疑是具有战略性的大任务、具有专业性的新任务。

第二节　中华人文精神的内涵与意义

一、中华文化的人文精神传统

中华民族的独特性源于中华文化，中华民族的生命力也源于中华文化。作为如此大体量、长时间存在于人类发展史中的民族群体，文化因素对于中华民族发展的贡献是最深刻的。中华文化在人类文化史上是极独特的，这种独特表现在其原创性上，与印度文化、西方文化等都是相互独立形成的；也是延续性的，与各种原发的古代文化相比，"惟中国能以其自创之文化绵永其独立之民族生命，至于今日岿然独存"[1]；更是稳定性的，"中国文化在其绵长之寿命中，后一大段（后二千余年）殆不复有何改变与进步，似显示其自身内部具有高度之妥当性、调和性，已臻于文化成熟之境者"[2]。

具有原创性、延续性与稳定性的中华文化塑造了中华民族的民族性格，也决定了中华民族的行为特征，观察中华民族历史，文化价值观是最重要的窗口，解释当代中国发展道路选择，文化价值观依然是最重要的窗

---

[1]　梁漱溟：《中国文化要义》，上海人民出版社 2018 年版，第 8 页。
[2]　梁漱溟：《中国文化要义》，上海人民出版社 2018 年版，第 9 页。

口，也能得出最准确的答案。

美国前国务卿基辛格作为深度参与中美建交与交往的政治家，对中美差异、中国文化有着深刻的见解，在其《论中国》一书中，他说，

> 自从我首次访华之后，中国已经成为一个经济超级大国和塑造全球政治秩序的重要力量。美国赢得了冷战，中美关系成为争取世界和平与全球福祉的核心要素。
>
> 尽管两国的出发点迥异，八位美国总统和四代中国领导人在处理微妙的双边关系时却显示了惊人的连贯性。双方始终尽力维护这一实质性的合作关系，使之不受历史纠葛和各自国内考虑的干扰。
>
> 这是一段复杂的历程，因为中国和美国都认为自己代表独特的价值观。美国的例外主义是传经布道式的，认为美国有义务向世界的每个角落传播其价值观。中国的例外主义是文化性的，中国不试图改变他国的信仰，不对海外推行本国的现行体制。①

从历史文化视角来看待当代中国发展的原因、路径与目标，得出的结论远比从政治博弈的角度认识深刻而客观，也更具建设性。当然，基辛格对中国文化的重要性的认识是准确的，但对其内涵没有充分地阐释。事实上，这也是当代中国文化发展与国际传播中要花气力做的工作，要切实提升中华文化影响力，传承与发展好中华优秀传统文化，根本的是要讲清楚自己的文化内涵。只有真正掌握中华优秀传统文化的精髓，才有可能根据时代需求推动创造性转化、创新性发展，最终与当代世界各种文化一道推动构建人类新文明。

在中华优秀传统文化中挖掘最具当代价值、世界意义的内容，就要

---

① ［美］亨利·基辛格：《论中国》，胡利平、林华、杨韵琴、朱敬文译，中信出版社2012年版，第Ⅵ页。

从中国文化中深层次的精神入手，找到精髓，体现要义。楼宇烈认为，"与西方文化相比，以人为本的人文精神是中国文化最根本的精神，也是一个最重要的特征"①。"中国传统文化如果从整体上来把握的话，那么人文精神可说是它的最主要和最鲜明的特征。"②这一判断体现了中华文化的鲜明人文特质，也表明了中华文化的深厚人文内涵。杨伯峻对《论语》的用词进行了研究，发现其中出现"人"的次数达到162次，其中114次的用法是一般意义上的使用，比如"其为人也孝弟"，凸显了《论语》对"人"的关注。在名词中，这一词频数量仅次于"子"（431次），其他使用较多的名词包括："仁"（109次）、"君子"（107次）、"道"（60次）、"民"（48次）、"德"（38次）。③事实上，中华文化中对人的关注是一以贯之的，是全方位的，既关注人的身心本体，也关注人的社会存在，由此形成了以儒释道为代表的不同思想文化学说，而儒释道也共同构成中国千年以来的政治框架、伦理框架与精神框架，成为稳定的文化框架，共同支撑人文精神的实现。

钱穆认为，"中国文化，最简切扼要言之，乃以教人做一好人，即做天地间一完人，为其文化之基本精神者。此所谓好人之好，即孟子之所谓善，中庸之所谓中庸，亦即孔子之所谓仁。而此种精神，今人则称之曰道德精神。换言之，即是一种伦理精神"④。其实，这种从"做好人"入手的中华文化精神的根本是一种人文精神。正如《大学》中讲，"自天子以至于庶人，壹是皆以修身为本"。修小我，为大我，大小我，合为一。

中华人文精神的基本特征是：以人为本的世界观，以德为本的人生观，以和为本的价值观。

在中华文化中，以人为本的世界观体现在处理人与神、人与物的关

---

① 楼宇烈：《中国文化的根本精神》，中华书局2017年版，第46页。
② 楼宇烈：《中国文化的根本精神》，中华书局2017年版，第221页。
③ 杨伯峻：《论语译注》，中华书局1992年版，第213—316页。
④ 钱穆：《人生十论》，生活·读书·新知三联书店2020年版，第65页。

系上，坚持人的优先地位。从最早期的经典文献《尚书》开始，就提出"惟人万物之灵"的观点，《礼记》中也提出，"故人者，其天地之德，阴阳之交，鬼神之会，五行之秀气也"。作为"万物之灵"的人，集合了天地、阴阳、鬼神与五行之精华，用《荀子》中的话来说，"人有气有生有知，亦且有义，故最为天下贵也"。在天地人中间，人处于一种核心的、主动的、高贵的地位。在《论语》中记载了一个经典片段，孔子家里的马棚着火，孔子下朝后问："伤人乎？"不问马。这种"重人轻物"的精神是中华人文精神的重要内涵。

值得说明的是，中华文化中的人本思想并不是人类中心主义，而是"顺四时，少人为"的尊重自然，如同《荀子》中所言："春耕、夏耘、秋收、冬藏，四者不失时，故五谷不绝，而百姓有余食也。"准确理解"人定胜天"，不是人能战胜天、超越天，而是人能知晓天、顺应天，因而顺天行事，无所不成。事实上，中华文化追求"天人合一"的境界，追求众生平等、万物和谐的境界，这是中华人文精神的重要内涵。

在中华文化中，以德为本的人生观体现在处理个体与外界的矛盾时，以"向内求"来解决问题，这是一种伦理性与内敛性的精神。《孟子》有言："天下之本在国，国之本在家，家之本在身。"要治身，在求仁。"仁者如射，射者正己而后发。发而不中，不怨胜己者，反求诸己而已矣。""行有不得者皆反求诸己，其身正而天下归之。"在出现冲突、困难时，中华文化讲求的是"反求诸己"，从自己身上找问题，而不是埋怨他人和推卸责任，更不是找"替罪羊"，这是中华人文精神的重要内涵。

"向内求"的精神还体现在处理人与物的矛盾时，坚持"重内省、轻外物"的原则，以追求精神修养提升超越追求物质享受。《荀子》有言："志意修则骄富贵，道义重则轻王公，内省而外物轻矣！传曰：'君子役物，小人役于物。'此之谓矣。"因此，中国历史与中华文化中极其推崇淡泊名利、舍生取义的人物与精神。

值得注意的是，中华文化重视精神追求，并不否认人情与物欲，也赞同满足合理的人情与欲望，但反对纵欲，因为纵欲给社会发展带来破坏性。《礼记》中提出："敖不可长，欲不可从，志不可满，乐不可极。"四句话体现了承认人有情与欲，即傲慢、欲望、志意、享乐，但都不可过分，要节制。董仲舒在《春秋繁露》中提出："使人人从其欲，快其意，以逐无穷，是大乱人伦而靡斯财用也。"换言之，中华文化的人生观不在"去欲"，而在"节欲"。追求"心平愉"来治心，以"重己役物"来把握个人精神与物质的关系，这是中华人文精神的重要内涵。

在中华文化中，以和为本的价值观体现在处理社会多样性存在时的智慧，以"和而不同"来面对差异性，这是一种包容性与平等性的精神。《论语》中讲："礼之用，和为贵。"中国人对"和为贵"的崇尚是贯穿在自天子以至于平民、自政治军国大事以至于邻里街坊日常生活。这种和谐是中华文化处理社会关系时追求的最高目标。而实现这种目标的方法，用《论语》中的另一句话讲："君子和而不同，小人同而不和。""和"是基于多样性的和谐，形不和而实和；"同"是基于单一性的不和谐，形和而实不和。如同五味调和做出美味、五音调和奏出乐音，中华文化追求"多的一"而不是"一的一"，与此同时，"和"体现了君子之道，"同"体现了小人之道，这是中华人文精神的重要内涵。

"和而不同"的精神在处理国家之间的事务中，体现为中华文化对和平的崇尚，这其中，墨子的"兼爱""非攻"思想值得高度重视。如何解决战争频仍的状态？《墨子》中说："以兼相爱、交相利之法易之。然则兼相爱、交相利之法将奈何哉？子墨子言：视人之国若视其国，视人之家若视其家，视人之身若视其身。"在墨子看来，"若繁为攻伐，此实天下之巨害也。今欲为仁义，求为上士，尚欲中圣王之道，下欲中国家百姓之利，故当若非攻之为说，而将不可不察者此也"。墨子的这种思想，体现了高度的共情力与同理心，体现了天下大同的追求，这是中华人文精神的重要内涵。

人文精神是中华文化的主要内核与根本特征，是维系五千多年中华文明连绵发展的精神主线，也是理解中华文化的精神内核。事实上，中华民族数千年来的价值观念、民族气质、制度选择、文化艺术等都主要源于这一精神的滋养。理解了人文精神，才能把握中华优秀传统文化的精髓，也才能把握当代中国文化发展的主体性与主动权。

2017 年年初，中共中央办公厅、国务院办公厅印发了《关于实施中华优秀传统文化传承发展工程的意见》[①]，这是第一次以中央文件形式专题阐述中华优秀传统文化传承发展工作。在该文件中提出的中华优秀传统文化主要内容包括"核心思想理念""中华传统美德""中华人文精神"三项，关于"中华人文精神"的具体表述为：

> 中华人文精神。中华优秀传统文化积淀着多样、珍贵的精神财富，如求同存异、和而不同的处世方法，文以载道、以文化人的教化思想，形神兼备、情景交融的美学追求，俭约自守、中和泰和的生活理念等，是中国人民思想观念、风俗习惯、生活方式、情感样式的集中表达，滋养了独特丰富的文学艺术、科学技术、人文学术，至今仍然具有深刻影响。传承发展中华优秀传统文化，就要大力弘扬有利于促进社会和谐、鼓励人们向上向善的思想文化内容。[②]

仔细想想，在人类社会动荡曲折的数千年进程中，只有中华文明绵延不断，在融合的基础上不断发展，支撑了中国历史的稳定性与延续性，当代中国人应该对中华民族历史有足够的自信，对中华文化价值有足够的自信，也更应该对当代中国文化发展有足够的自信。如果说文化自信是一个国家、一个民族发展中最基本、最深沉、最持久的力量，那么人文精神

---

① 《中共中央办公厅、国务院办公厅印发〈关于实施中华优秀传统文化传承发展工程的意见〉》，《人民日报》2017 年 1 月 26 日。

② 《中共中央办公厅、国务院办公厅印发〈关于实施中华优秀传统文化传承发展工程的意见〉》，《人民日报》2017 年 1 月 26 日。

就是中华民族文化自信中最基本、最深沉、最持久的力量。浩瀚博大、绵延久长的人文精神成就了伟大的中华民族文化精神,滋养了中华民族繁衍生息。对当代中国发展来说,要在历史深处找到智慧,在文化深处找到力量,才能在世界深处找到未来,真正成为世界舞台中央的可信可爱可敬的成员。

在中华文化中,形成的是人文的宇宙观,不是物质的宇宙观,以人文视角观察世界、建设社会、完善人生,成为中华文化的基本取向。尽管中华文化在数千年历史中多次受到外来冲击,特别是 19 世纪后半叶以来由于国力衰弱而遭到重创,但中华文化中体现出的"坚韧的柔软"与"至善的力量"成为中华文化生命力的重要源泉。在人类经历了 19、20 世纪技术大发展、物质大繁荣的时代后,经历了死伤数千万人的两次世界大战后,21 世纪面临着越来越多的全球冲突、自然挑战、精神问题,如何解决这些问题?值得欣喜的是,国际社会中越来越多的注意力转向了思想文化视角而不仅是物质技术视角,更重要的是,向东方看、向传统看已经成为各国思想文化界不约而同的选择,由此,中华文化愈发受到重视,中华人文精神愈发释放其历久弥新的光芒。

二、中华人文精神的世界意义

中华人文精神对近现代西方文化发展有着重要影响,具有广泛的世界意义。楼宇烈认为,"启蒙运动的思想来源之一是古希腊罗马文化,而更重要的来源是 16 世纪以后通过西方传教士从中国带回去的以人为本的文化精神。他们以中国的人本思想去批判欧洲中世纪以来的神本文化,高扬人类理性的独立、自主,把中国看作是最理想的社会"[1]。同样,梁漱溟也认为,"十七十八世纪之所谓启蒙时代理性时代者,亦实得力于中国思

---

① 楼宇烈:《中国文化的根本精神》,中华书局 2017 年版,第 47 页。

想之启发，以为其精神来源”①。

　　1583年，耶稣会传教士利玛窦抵达澳门，成为第一个到中国传教的西方传教士，此后直到1773年罗马教廷宣布解散该会，共有472名会士来华传教。这些人学习中国语言，翻译中国经典，成为最早向西方系统介绍孔子及其学说的文化使者。在这些人发回欧洲的信件与报告中，对孔子和孔教大加赞扬，而欧洲启蒙思想家们则积极引用这些内容，把孔子和儒家学说作为反抗欧洲旧体制的思想武器。②

　　莱布尼茨是德国著名的思想家，在1697年用拉丁文编辑的欧洲在华传教士《中国近事》一书的序言中，谈了自己对中华文化的看法，既给予了高度重视，认为中国与欧洲是当时“全人类最伟大的文化和最发达的文明”，同时，系统阐述了在当时欧洲人看来中华文化最重要的人文特质。

　　　　谁人过去曾经想到，地球上还存在着这么一个民族，它比我们这个自以为在所有方面都教养有素的民族更加具有道德修养？自从我们认识中国人之后，便在他们身上发现了这点。如果说我们在手工艺技能上与之相比不分上下，而在思辨科学方面要略胜一等的话，那么在实践哲学方面的伦理以及治国学说方面，我们实在是相形见绌了。承认这点几乎令我感到惭愧。人们无法用语言来描绘，中国人为使自己内部尽量少产生麻烦，对公共安全以及共同生活的准则考虑得何等的周到，较之其他国民的法规要优越许多。人类最大的恶源自人类自身，这是千真万确的事实。人与人相互为狼，这条格言完全符合人类的实际。在已经遭受了许多自然灾害的同时，我们仍然还自己加剧自己的痛苦，似乎还嫌痛苦不够。这是我们这一方面特有的一大愚蠢，同样，全人类均如此愚蠢。如果说人类对这种

---

① 梁漱溟：《中国文化要义》，上海人民出版社2018年版，第9页。
② 张涛：《来自异国的圣人：孔子在早期美国》，商务印书馆2019年版，第31—32页。

恶还有救药的话，那么中国人较之其他的国民无疑是具有良好规范的民族。①

伏尔泰是法国 18 世纪的伟大思想家，启蒙运动中的精神领袖，在其近八十部作品和两百余封信中论及中国，其中"孔子"和"儒学"则属于出现频率最高的词汇，而伏尔泰也被认为是 18 世纪下半叶欧洲对儒学思想接受史中最具代表性的人物，甚至被称为"孔子在欧洲的第一大弟子"。用伏尔泰自己的话说，他认真读过当时关于孔子的全部著作并做了摘要。根据 20 世纪 60 年代出版的相关资料，可以看到其中有当时出版的全部儒学著作，包括传教士写的著作和各种转译、译介作品。②事实上，伏尔泰在其论述中国、孔子和儒学的文字中，对于人本思想、仁的学说高度称赞，将之作为思想来源，批判宗教神权对人的禁锢。

有趣的是，在《伏尔泰书信集》中可以发现一位 16 岁的德国青年在 1767 年写给伏尔泰的信，其中写道："先生：请允许一位素昧平生的人从德国中部向您致意！您是欧洲的孔子，是世界上最伟大的哲学家。您的热情和天才，以及您的人道主义的行为，使您赢得了任何世人都不敢企盼的地位：您堪与古代最著名的伟人并列齐名。"③这封信从一个侧面生动地表明了孔子在当时欧洲的崇高地位以及其对伏尔泰的巨大影响，也体现了中华人文精神对近代欧洲启蒙运动的影响。

进入 19 世纪，随着中国国力衰微，鸦片战争、甲午战争、八国联军入侵等击破了中国的国土防线，欧洲列强对中华文化的否定愈发强烈。值得重视的是，在西方国家以一神论宗教与武力来征服世界、攫取利益的暴力进程中，在欧洲大陆上亦爆发了大量的战争，欧洲各国间此起彼伏的国

---

① 〔德〕夏瑞春编：《德国思想家论中国》，陈爱政等译，江苏人民出版社 1995 年版，第 4—5 页。
② 孟华：《伏尔泰与孔子》，新华出版社 1993 年版，第 99 页。
③ 孟华：《伏尔泰与孔子》，新华出版社 1993 年版，第 15 页。

与国之间战争带来巨大的破坏，与此同时，当新世界被发现后，欧洲各国又将竞争与战争引向了亚洲、非洲等国家和地区。这种暴力哲学、霸权文化在欧洲思想界内部，也引起了强烈的质疑与反思。

20 世纪 20 年代，英国哲学家罗素访问中国，在约一年的访问中，罗素深度接触了中国各界特别是思想文化界，发表了多次演讲，对中华文化的独立性发展和世界性贡献高度称赞。1921 年 7 月，罗素在访问中国后的临别演讲中深刻指出了西方文明的问题，告诫中国要走自己的道路，他认为："欧洲文明的基址，是资本主义的实业主义。这种制度，虽然在早年时代，致成无量迅速的技术上物质上的进步；然而，不免引人类到更剧烈的破坏的战争路上去：初为市场而战争，继为原料而战争。""纵或我们西方的文明不因战争而毁灭，尚能残存，然所可惧者，彼将更成机械的，对于个人的地位及其特性，益增蔑视，与日俱长。这种机械的文明，颇难望其有丝毫价值，所以中国人要不去专事摹拟西方的方法，始可为自己的国家或世界图谋幸福。"[1]从近百年来的人类战争史看，从当下逆全球化思潮、贸易保护主义抬头乃至贸易战来看，罗素的见解何其有远见！

回国后，罗素出版了《中国问题》一书，在书中他坦言："中国的问题不仅是政治独立的问题，文化独立在某种程度上也同样重要。"[2]此论断从百年后的当代中国发展来看，无疑具有极强的洞察力，文化独立是文化自信的基础，也是文化自信的体现。

对于中国的文化发展，罗素寄予厚望，"如果中国能免受外国的戕害，那么，从现在起，这一复兴的精神可以发展出一种较世界上任何文化都更加优秀的文化"。这一发展目标就是"保存中国人的文雅、谦让、正直、和气等特性，把西方科学的知识应用到中国的实际问题中"。罗素观察到的这些中国人的特性，正是典型的中华人文精神的体现。

---

① 秦悦主编：《罗素：唤起少年中国》，上海辞书出版社 2014 年版，第 89—90 页。

② 秦悦主编：《罗素：唤起少年中国》，上海辞书出版社 2014 年版，第 130 页。

罗素认为西方的人生观会导致扩张主义、帝国主义，因此他坚决反对中国学习西方的人生观，并建言："如果中国的改革者在国力足以自卫时，放弃征服异族，用全副精力投入科学和艺术，开创一种比现在更好的经济制度，那么，中国对世界可谓是尽了最恰当的义务，并且在我们这样一个令人失望的时代里，给人类一个全新的希望。"①事实上，今天的中国在民族独立、国家富强后，国力已经足以自卫，从未征服异族，用全副精力投入科学、艺术、经济和人民美好生活，建立了一种中国特色的经济制度，走出了一条中国特色的发展道路，并积极推动建设人类文明新形态与构建人类命运共同体，这也正契合了100年前罗素的这一期待。

罗素在百年前慨叹那是一个"令人失望的时代"，当时恰逢第一次世界大战结束，强权政治在世界横行，到百年后的当今世界来看，尽管没有世界范围的传统战争，但各种局部战争频繁，非军事性的"经济战""文化战""舆论战"等依然普遍。在一个保护主义、单边主义、技术主义盛行的时代里，在人与人、人与自然之间的冲突愈发凸显的时代里，人类社会依然在期待"一个全新的希望"。事实上，一个充满人文气息、人文关怀的世界，才是一个健康、和谐的世界，而高扬中华人文精神将成为人类新文明建设的重要力量和坚实基石。

从罗素的慨叹到21世纪的百年进程，人类取得了前所未有的物质进步，也经历了前所未有的重大挑战：从世界大战到东西冷战再到恐怖主义，从石油危机到粮食危机再到生态危机，人类面临的全球性问题日益突出，更值得关注的是，经济发展不平衡极大地削弱了文化多样性。

曾在1982年至1991年担任联合国秘书长的德奎利亚尔对世界范围内的文化与发展的关系有着深入思考，并在1992年担任了由联合国教科文组织设立的世界文化与发展委员会主席，在他看来，文化成为观察全球问题的重要视角，保障文化多样性也成为解决全球问题的重要手段。

---

① 秦悦主编：《罗素：唤起少年中国》，上海辞书出版社2014年版，第138—140页。

世界范围之内，人类社会以前所未有的方式联系在一起，所有的人都被卷入一个强有力的系统之中。但对于其中大多数的人来说，这个世界系统却变得越来越失衡、不确定和分裂。这使许多人把目光转向文化，把文化当作对付这个全球系统的武器和壁垒，作为一个逃避世界的避风港。

冷战之后，两极世界消失了，但是一方的失败却并不意味着另一方的胜利。在富裕国家内部，"进步无止境"的观念变成了一个幻影，社会价值系统和社会凝聚力分崩离析，贫富差距不断加大，社会发展与经济发展的不平衡给人类的幸福蒙上了一层阴影。

冷战时期，两大阵营之间的对峙掩盖了大多数本土的冲突与紧张——无论是争夺稀缺资源，还是争夺新发现的资源。冷战结束，盖子掀开，这些本土冲突与紧张把属于不同文化的人类群体逼进了死胡同，小规模、不同种族和宗教信仰的国家集团之间的冲突日趋激烈。反抗逻辑和"小团体的自我陶醉"开始威胁世界和平与安全，威胁经济增长与社会和谐，侵害人类与生俱来的尊严，动摇每个社会对自己历史文化的信念，威胁对人类生存发展至关重要的文化多样性。①

面对这种全球问题，世界文化发展出现两个显著趋势：一是"向后看"，各种文化都在各自传统中找寻归属感，也找寻发展的资源，力求返本开新；另一是"向东看"，许多有识之士关注东方文化特别是中华文化，认为充满人本思想、人文精神的中华文化对于解决当代世界的冲突与不安具有积极价值。特别是当中国经济社会发展取得愈发瞩目的世界性成就时，许多国际人士提出观察中国发展必须具有文化视角，换言之，解释中

---

① 联合国教科文组织、世界文化与发展委员会：《文化多样性与人类全面发展——世界文化与发展委员会报告》，张玉国译，广东人民出版社 2006 年版，第 3 页。

国道路要从中华文化中找寻依据。

英国科技史专家李约瑟对中国科技史有深入研究，由此对中国古代文明和中华传统文化也有深切思考。他曾多次访问中国，1964年，在访问西安孔庙后，写作了一首长诗，表达了对儒家文化、中华文化的情感与期待：

国际风云险恶，危机日盛——人们不知道控制自己的力量。
我希望，我希望，我的中国朋友们，
要保持孔夫子对人的信念，正义的信念。
一切为了公平和正直，一切为了仁爱和学问；
我祈求，我相信，人们会埋葬弹药，不再挑起战争。
在遥远的将来，公输般的子孙，会做出更多的实验，
彼此相互交流，产生许许多多创造发明；
考验着人们的肉体和灵魂，甚至会毁灭一切众生。
因此，我们必须求得最终的平衡；
水和酒融合在圣餐杯中；"阴"和"阳"完全对称，
实现全人类的人道主义精神；
不太理性化的理性；不太合理的信仰。
到那时候，全世界可能依靠中国的传统得救。
"人之初，性本善。"
让中国大声疾呼！人民文化万岁！
万流归海，让友好的精神遍满全球。①

如果说罗素、李约瑟等学者对中华文化的期盼还是出于少数西方精

---

① ［英］李约瑟:《四海之内：东方和西方的对话》，劳陇译，生活·读书·新知三联书店1992年版，第111—112页。

英学者的理性思考得出的结论，在他们的时代，中国的经济社会发展还处于劣势，世界的中心还完全由西方控制，因此世界大形势并不利于中华文化、东方文化的世界传播，进入 21 世纪以来，当代世界形势发生了深刻变革，全球经济发展的重心从西方转向东方，新兴市场国家和发展中国家自 21 世纪以来 20 年对世界经济增长贡献率高达 80%，2020 年，亚洲国内生产总值全球占比约为 38%，世界 500 强企业亚洲占了 227 家，联合国人居署评选的全球可持续竞争力前 10 名城市有 5 个来自亚洲。[1] 这种世界经济力量的变动客观上会推动多极化世界、多样性文化的发展，即西方世界在近当代世界发展中占据了主导权，但不能因此否认非西方世界的发展可能，更不能因此否认非西方世界的文化价值。

对中国来说，这是难得的发展自己的优秀传统文化、为世界文化作出自己独特贡献的历史性机遇。中国发展道路的独特性正是源于中华文化的独特性，认识自身文化的独特性，才能深刻地认识中国特色。从当代世界的发展来看，弘扬中华人文精神的核心价值，站在"人和人的关系上"来处理时代发展、世界问题，具有普遍的现实意义。

弘扬中华人文精神，有利于建设当代世界的文化多样性。美国学者狄百瑞在《东亚文明：五个阶段的对话》一书中就反思了所谓"进步"这一概念，认为其本身就是一个西方的概念，假定了西方的进步性和优越性，他质问道："为什么西方没有能够符合东亚儒家的文明行为呢？为什么它不能打扫自己的后院并呆在家中……以一种成熟的、负责任的方式来行事，而不是在世界上追逐使得别人不安宁呢？"[2] 这一反思提出了一个深刻的"文明参照系"问题，即为什么要将西方文明作为单一的"文明参照系"，以之来衡量包括中华文化在内的人类各种文化类型。事实

① 外交部党委：《以习近平外交思想为引领 开创新时代外交工作新局面》，《人民日报》2021 年 12 月 7 日。
② [美] 狄百瑞：《东亚文明：五个阶段的对话》，何兆武、何冰译，江苏人民出版社 2013 年版，第 62 页。

上，人文精神作为一种处理人与人关系、人与自然关系、人与社会关系的先进思想体系，无疑更应该成为衡量文明进步性的参照尺度。更重要的是，在处理人类五彩斑斓的不同文化与文明时，人文精神表现出来的包容性与平等性，可以有效促进不同文化与文明的交流互鉴，促进文化多样性的实现。

弘扬中华人文精神，有利于推进当代国际关系民主化。西方价值观的持有者往往是社会达尔文主义者，赢者通吃，强者有理，而且如同基辛格所言是"传经布道式的"，不但认为自己的价值观是好的，而且是"唯一的好"，要改变其他民族国家都要与自己一样。极具反讽的是，这种观念与"民主""自由"观念的内涵是完全背道而驰的，既没有各个国家自己当家作主的民主，也没有各个民族自己选择的文化自由，更没有对不同民族文化的理性研究与真正尊重。李约瑟就认为，"在中国的文化中却深深地蕴含着一种天生的民主气息"，儒家伦理中的人道主义精神体现了对普通民众的尊严的尊重，"二千年来中国主要的社会哲学学派的一条基本原则是：人民有权利和义务'反抗不符合儒教精神的君主'，这比欧洲的宗教改革者提出类似的论点还要早将近二千年"。① 在当代世界，要建立真正平等互利健康的国与国关系，就要突破强权政治，突破资本对世界运行的控制，以具有和平性、道义性的人文精神作为国际关系价值观的核心。人文精神讲"仁"，仁者爱人，仁者自爱，仁者与天地万物一体。人文精神讲"礼"，以"礼"为基础实现全社会的有序的自由，以"礼"平衡己与人、欲与理。

弘扬中华人文精神，有利于建立当代科技新伦理。在科技进步越来越快、科技影响力越来越大的时代里，需要正视技术对人类社会的综合影响、长远影响，特别是负面影响。科技作用巨大，但却有两面性的影响。

---

① ［英］李约瑟：《四海之内：东方和西方的对话》，劳陇译，生活·读书·新知三联书店1992年版，第54页。

早在 1924 年，瞿秋白就谈道，"技术的发明愈多，人类的物质的需要也愈多——如此辗转推移，永无止境"。"文明人不但没有从物质生活解放出来，反而更受物质需要各方面的束缚锁系。"①在当代社交媒体中出现的算法引导信息现象，以及由此引发的信息茧房、个人封闭、社会极化与分化的问题，充分印证了瞿秋白百年前判断的洞见性，表明缺乏人文精神的引导，人在技术的创造中会被异化。要明确科技发挥作用的边界，防止把科技当作宗教，只问"有无科学依据"，不问"有无人文价值"。要关注科技背后的推动力量及目的，防止把科技当作资本工具与政治武器。坚持以人文精神来推动科技发展，其核心要义是：人文管方向，科技管方法。

弘扬中华人文精神，有利于推进当代生态新文明。当代世界面临的气候变化问题日益突出，究其原因，工业革命以来的人类中心主义观念是重要的思想之源，以人为万物主宰，以人的物质需求、社会的经济发展为主要目标，不计生态后果的发展带来当代生态恶化、气候恶化的严重挑战。坚持人文精神，强调既保持人的主体性、能动性，但又不凌驾于万物之上，在"天人合一"的境界中实现人的可持续发展，建立地球生命共同体。

弘扬中华人文精神，有利于丰富人类精神世界。人的存在由两部分构成：精神性存在与物质性存在。在现代社会中，缺乏人文精神的指引，人们就会更多关注物质世界，而忽视精神世界。但形成悖论的是，物质世界里的满足总是短暂的，在资源有限的情况下受益者也只是一部分人，因而导致社会焦虑、浮躁情绪的蔓延。而在精神世界里，人文精神具有极强的正向引导力与群体团结力。人文精神重内省、轻外物，提倡以己役物心平愉。人文精神重义轻利，重视人与人之间关系建设，这种精神状态可以有效提高当代人的幸福感。

以开放的胸怀建设世界的文化，才能实现真正的美。对当代人类文

---

① 楼宇烈：《中国文化的根本精神》，中华书局 2017 年版，第 298—299 页。

化发展来说，保护文化多样性，打破单一参照体系，让各种文化绽放自己的美，是世界与文化可持续发展的历史必然。而在 21 世纪的人类文化生态中，中华人文精神愈发成为一种重要的人文能量，释放出越来越大的全球影响力。

第三节　中华人文精神的国际传播

人文精神是中华文化的文化基因，渗透在中华文化的内在理论与外在表现，成为中华民族的共同意识与价值取向，同时，这一精神又具有鲜明的当代价值与世界意义，便于开展国际对话与跨文化传播，因此，传播好中华人文精神，对外可以提升中华文化影响力，对内可以提升中华文化创造力和民族文化自信心。

传统是当代创新的土壤，也是当代传播的根基。人文精神作为中华优秀传统文化中的稳定内核和宝贵基因，是建设新时代中华文化的基本依托，也是人类新文明建设中的广阔基石。当前，把握中国综合国力持续上升的历史机遇，挖掘人文精神中适应人类社会的内容、丰富人文精神的时代内涵、传播人文精神的影响，既可以有效传承与发展中华优秀传统文化，也可以持续提升中华文化影响力。在此进程中，既要抱有对民族文化传统的尊重，对民族文化根脉的爱惜，又要避免文化传承的形式主义乃至文化复古主义，要把握中华优秀传统文化的精神与精髓，在此基础上与时代需求紧密结合，以新的内容与新的形式展现出来。在此进程中，既要保持坚定的文化主体性，又要避免极端的文化封闭性，要充分发挥中华文化的人文性对于解决当代人类问题的时代意义与世界意义。

历史经验表明，在不同文化的交流中，只有开放性而无主体性是没有主动性的。自主的开放才是真正的开放，自主的融合才是积极的融合，自主的传播才是主动的传播。楼宇烈曾问："我们是要做现代化的中国人，还是现代化的西方人呢？"他的回答是："不管在什么样的经济条件下，我们都要坚持做发展传统的中国人，并致力于弘扬优秀的传统文化。"[①]这一问与答体现了中国学者的风骨，也展示了中华文化的生命力与创造力。在当代世界，提升中华文化创造力和影响力，坚持文化主体性是首要原则，当代中国文化发展中的"立"比"破"更重要，守正是创新的条件，创新是守正的体现。

向世界传播中华人文精神，有三个层次：一是传播这一精神的"形"，具体体现在艺术、技能等方面；二是传播这一精神的"用"，具体体现在养生、处事等方面；三是传播这一精神的"道"，具体体现在哲学、价值观等方面。在"形"的层次，书法、绘画、京剧、武术、中医以及美食等在世界已经有着广泛的认知；在"用"的层次，需要展现这些"形"的意义，即其对人的生命、生活与社会交往的作用，书法、绘画不仅是艺术之技，也是养生之法；在"道"的层次，需要挖掘这些外显的艺术方式、生活方式、处事方式背后的思想道德、价值观念，中华文化中重生命、重修身、重人伦、重和谐等的人文追求都深植于中华民族的艺术与生活、历史与当代中。

中国美食是传播中华文化的重要途径。食物作为最具日常性的载体，具有无可比拟的跨文化交流作用，同时每个国家、民族的食物都有各自的食材、烹饪、文化内涵，通过美食来传播民族文化具有极强的生活气息。笔者在意大利美食科学大学访问时，就了解到其开设的美食传播、美食写作、美食文化等多种课程，非常生动而有吸引力，在访问过程中也充分领略了意大利美食文化。为此，笔者于2021年尝试在北京的米其林中餐厅面向法国、意大利、韩国、尼泊尔等国家的国际学生开设了类似的课程，光明网作了题为《清华新传学院海外研究生在止观小馆上非遗美食情景教学课》的报道：

---

① 楼宇烈：《中国文化的根本精神》，中华书局2017年版，第3页。

把美食作为文化、把美食作为艺术、把美食作为媒介，是当代国际人文交流合作的重要内容，其作用的发挥需要更多国际的视角、创新的视角和青年的视角。

情景教学课堂设在北京王府井附近清代王爷府邸的止观小馆，具有200多年历史的皇族建筑和占据很大面积的艺术展馆都让国际研究生们对这家号称"开在展馆里的餐厅"眼前一亮。课程中，餐厅负责人以非遗项目传承人身份围绕"中国辽河口特色海洋食材与民间食俗的餐饮生产性保护"主题做专题报告，从地理位置、"古渔雁"群体及其文化、海洋食材的认知与利用、沿海民间食俗的继承与发展4个维度对中国辽河口特色海洋饮食非遗进行深入剖析并提出了保护传承建议。他认为自己的研究和带领企业团队进行的餐饮生产性保护"既是对先辈的致敬，更是对传统技艺的继承和弘扬"。

中国烹饪协会负责人在课上介绍了中国饮食非遗生产性保护的发展及其对人类非遗保护的贡献。各国研究生纷纷就本国的美食文化特色和与中餐的比较畅谈了感触和理解。尼泊尔学生说，中国作为文明古国，美食文化深厚，我们从理论上有了一定了解，而这种实践型的课程对于深入理解非常重要。法国学生从中法美食的比较分析了文化的多样性，认为多多交流是不同文化互动发展的重要渠道。"美食是传播文化的最好载体，它以人们喜爱的方式深入人心，学习文化传播，品味各国美食是重要课程。"意大利学生对意大利和中国的美食都非常热爱，她把体验、品味、认知中国美食作为在清华学好传播的必修课。

以美食、武术、中医等技艺传播中华人文精神，重要的是传播者对这些技艺的文化底蕴有积累，对中华文化气质有认同，并能够创造性地表达。导演、演员吴京从小习武，最初是以武打演员的身份进入演艺界的。在他看来，"武术能够强身健体，同时也蕴含了礼、善、勇、信、敬、恒等中华优秀传统文化内涵。一直以来，武术题材电影受到全世界观众欢迎，是中华文化的一张亮丽名片。观众们爱看中国功夫，不仅仅是看招式功法，更是看民族的风骨，看'侠之大者，为国为民'的英雄情怀。真正优秀的武术题材电影要能挖掘中华优秀传统文化的思想观念、人文精神、道德规范，把中华文化价值和电影艺术的创造力融合起来"①。吴京近些年的作品《战狼》《流浪地球》《长津湖》等影片都取得了骄人的成绩，成为现象级作品，与他对中华武术精神内涵的体悟是直接关联的。

向世界传播中华人文精神，有四个渠道：一是通过大众媒体、艺术交流、体育竞赛等，展现中华人文精神的理念、思想与艺术之美；二是通过商贸往来、国际旅游，通过人与人之间的交往、日常生活的体验，展现中华人文精神的实际运用；三是通过合作研究与人文教育，深化对人文精神的认识，加强对文化遗产的保护与开发，从人类共同的文化遗产中找寻历史中的人文精神；四是通过国际人文对话，让不同民族、国家的人士共同讨论当代世界面临的挑战，推动文明交流互鉴。

在这四个渠道中，第一个渠道愈发受到重视。比如 2008 年奥运会开幕式，从中国写意画、诗词、音乐中展现中华文化之美，以击缶而歌、活字印刷、太极等表演展现中华文明之深。2022 年冬奥会开幕式，以现代科技和更简约的方式呈现自然之美、人文之美和运动之美，以中国式浪漫展现中国人的自信、对世界人民的情感以及中华民族的价值观，开幕式当天恰好是立春，这一传统节庆元素也充分体现整个开幕式，表现了积极向上的乐观精神与团结合作的人类命运共同体意识。

在这四个渠道中，后三个渠道都有待加强。中国企业在"走出去"的进程中要更加注意开展文化交流，传播国家形象。中国国民在国际旅游与交往中要更加注重个人形象与国家形象、个人文化修养与中华人文精神的

---

① 吴京、任飞帆：《拍出中国电影的精气神儿（坚持"两创"书写史诗）》，《人民日报》2022 年 1 月 7 日。

关联。与此同时，各种社会机构特别是大学要充分发挥民间交流、人文交流的作用，推动中华人文精神的广泛传播。

2018 年 2 月，联合国教科文组织前总干事、全球希望联合会主席伊琳娜·博科娃（Irina Bokova）应邀来清华大学文化创意发展研究院做演讲，笔者主持了此次演讲会。此次演讲主题为《文化与文化遗产——可持续发展的桥梁》，博科娃对文化、文化遗产特别是非物质文化遗产在当代人类交流合作与可持续发展中的作用给予了高度评价，其中讲道："当下，全社会在共同寻找精神推动力的新来源和可持续的人类发展与自然和谐共处的新脚步。文化遗产为我们提供了灵感和动力。非物质文化遗产是人类文明最宝贵的表达。它如同我们呼吸的空气一样无形，又像音乐一样明亮而灵活，也像某个舞蹈瞬间一般神秘。从没有比这更强大的力量使我们相聚。非物质文化遗产是人类意义和归属感的源泉，是我们祖先的颂词，也是为未来一代传递梦想的途径。"

非物质文化遗产是和平的力量、团结人民的力量、深化相互理解的力量。我们看到世界上很多团体和群体的仲裁系统、冲突预防系统、冲突解决系统都根植于其非物质文化遗产之中。遗产在和平必须被重建的时候是必不可少的，它为人类提供了重获尊严感的途径，也带去了治愈与调和。它极其珍贵，因其能够帮助我们处理新的问题并适应意料之外的事件。

非物质文化遗产是一个知识、技巧和经验的蓄水库，它能够被我们重新部署、设计使用从而适应新的形势和挑战。非物质文化遗产是我们通过创新与创意实现包容性可持续发展的重要一环，也是去直接体验其他"活态遗产"的机会，从而感知人类无限的多样性、生命力和创造力。①

① 2018 年 2 月 27 日下午，联合国教科文组织前总干事、全球希望联合会主席伊琳娜·博科娃应邀来清华文创讲座，发表题为《文化与文化遗产——可持续发展的桥梁》的演讲，笔者主持了此次演讲。本文提及演讲内容根据现场录音整理。

在演讲中，博科娃鲜明地提出，"文化是为可持续发展赋能的基础"，"如果发展战略中缺少了文化，那么也就不会拥有完整的所有权与参与度"。在演讲最后，博科娃提出："希望通过儒家的智慧鞭策我们砥砺前行：'能行五者于天下，为仁矣'。'恭、宽、信、敏、惠'，无论在何种境遇下，都要磨炼意志，铸就崇高人格。在这变幻的时代，我相信这个格言永不过时。"

解决当代世界的冲突问题，实现人类的可持续发展，最基础的着力点是文化，通过更加开放、积极、广泛的人文交流与文化发展，世界和平与发展才能得到更有效、更坚实的保障。在这一进程中，中国历史上的文化遗产特别是非物质文化遗产展现了浓郁的人文精神，具有极强的传播价值、对话价值与研究价值，通过"活化"与"转化"，可以有效推动中华人文精神的国际传播。中国是名副其实的文化遗产大国，拥有 56 项世界遗产，占全球 167 个国家 1100 多项世界遗产总数的约 5%，还拥有 5000 多处全国重点文物保护单位和上亿件套国有博物馆可移动文物；如果再加上各个省市自治区的各级文物保护单位和非国有博物馆，以及私人手中的文物藏品，中国的文化遗产总量更是惊人的。① 作为"文化遗产大国"的中国，还要成为"文化遗产传播大国"。如何通过创新文化遗产传播形式，助力文化遗产的保护、传承和弘扬，向世界讲好中国遗产故事，传播好中华文化精神，是中国的时代使命和大国担当。

2021 年 11 月，中央广播电视总台联合国家文物局、中国社会科学院历时一年策划制作的首档考古空间探秘类文化节目《中国考古大会》开播。首期节目中，一场场沉浸式探秘和表演，以虚实结合的舞台形式，再现了良渚先民的生活图景。在《中国考古大会》首期节目中，一幅生机盎然的良渚古城"数字化全景图"展现出来。节目在呈现模式上首创"考古空间

---

① 高蒙河、宋雨晗：《文化遗产传播：从"出圈"到"出棚"》，《光明日报》2021 年 12 月 26 日。

探秘"，用历史场景的激活、体验氛围的营造、文化圈层的汇聚，打造了一个身临其境的大型围观考古现场。依托"总台超高清视音频制播呈现国家重点实验室"的技术支撑，充分挖掘总台 AI+VR 裸眼 3D 演播室技术的特点，针对每个考古遗址量身打造不同的"视 + 听 + 触"场景，实现技术应用的突破与创新。

节目聚焦浙江杭州良渚古城遗址、北京周口店遗址、河南安阳殷墟遗址、四川广汉三星堆遗址、陕西西安唐长安城遗址等 12 大考古遗址。邀请了 30 多位考古专家和文化学者，次第踏上 12 大考古遗址，通过空间探秘与任务解锁，联结考古场景，复现历史图景，用现代表现手法营造身临其境的氛围体验，向观众全景展现了中国考古事业的研究成果和最新发现，讲好中国考古工作背后所承载的时代价值、文化特质和民族精神。①

向世界传播中华人文精神，在当代开展中华文化的国际传播，如果只视其为政府的使命与媒体的职责，这是一种狭义的国际传播观，已经远远不能适应当代国际人文交流的实际情况。要提升中华文化的国际影响力，必须树立"大传播观"，简言之，推动中华文化"走出去"，提升中华文化影响力，是全民的使命，因为中华民族的每个成员都享受这种文化的福祉，也都是这种文化的载体，事实上，全民性、多主体地推动中华人文精神、中华文化的国际传播，才能让中华文化的世界影响力持续提升。

从实践来看，有三个主体应该特别重视与加强：一是企业。中国经济的高速发展推动中国企业的跨国经营成为普遍现象，目前中国大企业数量在《财富》世界 500 强榜单中已经高居榜首，如此多的中国企业活跃在世界各地，不能仅仅是做生意，还要交朋友，更要讲文化。笔者在一些国家调研时，听到较多的一个评价是：中国企业家坐下来就谈商业模式与合作共赢，很少谈及文化交流，不太在意人与人之间情感交流。这种行为特征既妨碍了中国企业在国际的持续深耕，也忽视了中华文化的国际传播。二

---

① 牛梦笛：《活化百年考古　触摸中华脉动》，《光明日报》2021 年 11 月 24 日。

是学者。中国学术界的高速发展体现在中国的顶尖大学已经跻身世界大学榜单的前列，清华、北大已经进入世界一流大学行列，正在向世界一流大学前列、世界顶尖大学迈进，而大量的中国学者都是在欧美受过教育，要鼓励这些学者更积极地开展中华文化的国际传播，一方面，要让中国学者树立更强的文化自信、学术自信；另一方面，要给学者参与国际交流创造条件，特别是宽松的政策环境与舆论氛围。三是青年。当代中国的发展让新一代青年的国际视野更加开阔，能够更理性地看待中华文化与不同文化之间的差异，也更有文化自信与创造能力开展国际文化交流，要鼓励中国青年开展中华文化的国际传播，一方面，要加强当代青年的中华优秀传统文化的培养，打牢文化根基，提升文化修养；另一方面，要相信青年力量，发挥青年力量，在国际传播中对青年，特别是社会化、个体化的青年传播力量给予支持。

从世界范围和不同民族的文化交流进程看，大致可以分为三个阶段：第一阶段，你是你，我是我，不同文化坚守各自的立场，观察对方，了解对方，把握差异性；第二阶段，你中有我，我中有你，不同文化接受异文化的一些内容，纳入自己的文化中，把握融合性；第三阶段，你还是你，我还是我，不同文化在接受异文化的内容后将其彻底转化，推动了各自文化的独特发展，把握主体性。事实上，文明交流互鉴的目的不是单向改变而是相互融合与共同发展，让人类的文化多样性得以健康发展。这种文明观是中华人文精神的重要体现：与人为善，成人之美，和而不同，天下大同。其实，面对当代的全球性问题，这一精神内涵也应成为人类新文明的精神基石。

第二章 文创理论

当代中国的发展面临两个重要的冲突：一是中国发展与世界认知的冲突，当中国从一个贫弱的远东国家逐渐走近世界舞台中央，如何让世界认识真实而美好的中国，让中国的国家形象有目共睹；二是物质发展与精神需求的冲突，在温饱实现、技术进步、中产阶层人群大幅度扩大的当代中国社会里，如何让大众在衣食无忧时获得身心安定、精神愉悦，既不内卷又不躺平，享有物质与精神俱佳的美好生活。这两个问题都对当代中国的文化发展提出了紧迫的要求，换言之，文化发展不再是一个补充性、辅助性的战术问题，而是一个全局性、关键性的战略问题。与此同时，对文化发展的思维也提出了全新的要求，即文化发展不能仅仅是传统性、重复性的思路，而是需要时代性、创新性的思路。由此，崭新的文化发展理论在实践中逐渐形成，其实质是通过文创理念实现文创赋能造就新型文化业态。

第一节 文创理念的内涵与形成

一、文创理念的提出与内涵

文创理念凸显了当代社会对文化创造力的追求，是在当代文化产业与文化事业快速发展的实践中逐渐形成的，也是与当代日趋年轻化的时代文化特征相适应的。近些年来，随着中央对文化自信、建设文化强国的重视，随着社会需求对文化产品、文化消费的增长，文化领域的投资额大幅度增加，许多大城市的文化产业增幅远大于 GDP 的增幅，资本与市场的进入让传统的文化发展不再仅仅局限在文化圈、文人圈，而是更加强调产品意识、市场意识、创新意识。在此进程中，由于数字化技术的普及应用，作为数字时代"原住民"的年轻人在全社会的文化消费、文化使用中发挥越来越大的作用，年轻人的"求新"取向推动当代文化发展持续出新。

中国的文化发展主要由两部分构成：一部分是非商业性的文化事业发展，另一部分是商业性的文化产业发展。在这两部分中，前者由政府主导，在新中国成立以来保持稳步发展状态，而后者由市场主导，改革开放以来逐渐兴起并快速发展。值得注意的是，近年来，随着文化发展"出圈"以及文化事业、文化产业大发展，包括企业、非商业性社会组织、青年个人等各种社会力量大规模进入文化领域，推动了大量商业性或半公益性的文化发展。

2004 年，为贯彻落实党的十六大关于文化建设和文化体制改革的要求，规范文化产业的统计范围，建立科学可行的文化产业统计，国家统计局在与中宣部及国务院有关文化部门共同研究的基础上，依据《国民经济行业分类》（GB/T 4754—2002），研究制定了《文化及相关产业分类》，并作为国家统计标准颁布实施。该分类首次明确了我国文化产业的统计范围、层次、内涵和外延，为启动和开展文化产业统计工作奠定了根基。

2012 年，为适应我国文化产业发展的新情况、新变化，国家统计局参考了《2009 年联合国教科文组织文化统计框架》，根据《国民经济行业分类》（GB/T 4754—2011）对分类进行修订完善，形成了《文化及相关产业分类（2012）》，使分类更加切合发展需要。以此分类为基础开展的统计工作为反映我国文化产业的发展状况，为文化产业发展提供了基础信息。

2018 年，为了适应以"互联网＋"为依托的文化新业态的迅猛发展，

《文化及相关产业分类（2018）》颁布。这一新修订的分类标准是在《文化及相关产业分类（2012）》的基础上，依据新的《国民经济行业分类》（GB/T 4754—2017）修订形成的，并兼顾文化管理的需要和可操作性，与联合国教科文组织《文化统计框架—2009》相衔接。在修订中，原有的定义、分类原则保持不变，新增加了符合文化及相关产业定义的活动小类，重点是调整了分类类别结构。

新分类继续使用原分类对文化及相关产业的定义，是指为社会公众提供文化产品和文化相关产品的生产活动的集合。新修订的分类类别共设置 9 个大类，分别是新闻信息服务、内容创作生产、创意设计服务、文化传播渠道、文化投资运营、文化娱乐休闲服务、文化辅助生产和中介服务、文化装备生产、文化消费终端生产。根据活动相似性，在每个大类下设置若干中类，共计 43 个中类；在每个中类下设置了若干具体的活动类别，共计 146 个小类。全部活动类别可进一步归纳为两个领域，即文化核心领域和文化相关领域，其中文化核心领域包括前 6 个大类，计 25 个中类和 81 个小类；文化相关领域包括后 3 个大类，计 18 个中类和 65 个小类。

从 2004 年到 2020 年中国文化及相关产业增加值的绝对值、在 GDP 中的比重可以看出中国文化产业的持续稳定发展。

表 2-1　文化及相关产业增加值及占 GDP 比重

年份	增加值（亿元）	占 GDP 比重（%）
2004	3440	2.13
2005	4253	2.27
2006	5123	2.33
2007	6455	2.39
2008	7630	2.39
2009	8786	2.52

续表

年份	增加值（亿元）	占 GDP 比重（%）
2010	11052	2.68
2011	13479	2.76
2012	18071	3.36
2013	21870	3.69
2014	24538	3.81
2015	27235	3.95
2016	30785	4.12
2017	35427	4.26
2018	41171	4.48
2019	44363	4.50
2020	44945	4.43

资料来源：国家统计局社会科技和文化产业统计司、中宣部文化体制改革和发展办公室：《2021 中国文化及相关产业统计年鉴》，中国统计出版社 2021 年版，第 27 页。2020 年数据来自国家统计局在 2021 年年底发布的信息。《2020 年全国文化及相关产业增加值占 GDP 比重为 4.43%》，见 http://www.stats.gov.cn/tjsj/zxfb/202112/t20211229_1825717.html。

文化发展的多主体参与带来文化发展的多样性视角。政府视角、企业视角、社会视角在看待文化发展上各自拥有不同的理解，政府对文化发展社会效益的重视、企业对文化发展市场价值的重视以及社会对文化发展个性体现的重视，都为当代文化发展带来不同视角与驱动力，在实践中产生了许多新的业态、新的探索。

与此同时，在全球化深度推进的条件下，各种跨文化视角、文化工业视角、创意产业视角、版权产业视角、内容产业视角的引入，更是让当代中国的文化发展突破了单一视角、单一形态，不论是美国的电影、主题公园，还是韩国的综艺、电视剧，以及日本的动漫、"二次元"产品，都在中国的文化发展中带来不同的呈现，这些新视角带来的新内容既是竞争也是启发，在客观上也推动国内文化界以更加创新的理念来推动当代中国文化发展。

整体来看，对当代中国文化发展产生显著影响的有四种重要力量：一是政府力量，文化自信成为新时代中国特色社会主义思想的重要内容，全社会公共文化服务水平不断提升，国家文化安全、文化软实力受到政府高度重视；二是市场力量，文创产业成为资本关注的热点领域之一，通过文化获取商业利润、打造新商业模式成为新的经济增长点，文创赋能各个产业成为趋势，文创产业成为新的朝阳产业；三是技术力量，新媒介、新技术等改变了文化产品的呈现形式，特别是数字技术加速数字时代的到来，改变了人们获取文化内容的接触方式，数字文化产业成为当代文化发展中的突出内容；四是国际力量，国际经验、国际元素、国际市场日益成为国内文化发展中的影响因素，不仅关注传统文化传承也关注国际文化元素融合，不仅关注国内市场覆盖也关注国际市场拓展，对当代中国文化发展来说，全球视野已经成为一种基本能力与时代背景。

在新的环境与进程中，围绕文化发展的理念也在逐渐发生改变，向着更加开放性、创造性的方向转变。在"文化复制"的发展路径中，更强调文化内容的重复、高仿，以超越时间性的沿袭、传承为主要目标。在"文化创新"的发展路径中，更强调文化内容的创造、创意，追求符合时代性的文化传承与发展并重。后一种路径是与文创产业的发展紧密相连的。

2016年，笔者撰文《文创理念与文创产业》，首次提出"文创理念"的概念，认为"其核心特征是创新与跨界，以一个更广阔、更多维的视角推动文化发展，实现以文化人的时代任务"①。文章中提出从创意视角、科技视角与生活视角推动当代文化创新发展。该文后被《新华文摘》全文转

---

① 胡钰：《文创理念与文创产业》，《中国文化报》2016年10月26日。

载。围绕文创理念，笔者继续撰文，在《人民日报》等报刊上阐发深化认识，关于文化科技融合推动当代文化发展的核心观点"没有技术的文化是边缘的，没有文化的技术是乏味的"，被《人民论坛》编辑部评为"2017年理论界最具价值的 70 个观点"之一。①

在 2017 年年初中共中央办公厅、国务院办公厅印发的《关于实施中华优秀传统文化传承发展工程的意见》②中，提出的基本原则除了"牢牢把握社会主义先进文化前进方向"与"坚持以人民为中心的工作导向"的方向性原则外，提出了"坚持创造性转化和创新性发展"的原则，即"坚持辩证唯物主义和历史唯物主义，秉持客观、科学、礼敬的态度，取其精华、去其糟粕、扬弃继承、转化创新，不复古泥古，不简单否定，不断赋予新的时代内涵和现代表达形式，不断补充、拓展、完善，使中华民族最基本的文化基因与当代文化相适应、与现代社会相协调"。意见中还提出了"坚持交流互鉴、开放包容"的原则，即"以我为主、为我所用，取长补短、择善而从，既不简单拿来，也不盲目排外，吸收借鉴国外优秀文明成果，积极参与世界文化的对话交流，不断丰富和发展中华文化"。这两条原则体现了明确的追求文化创新发展的意图。在 2017 年 10 月发布党的十九大报告中，进一步鲜明地提出了"激发全民族文化创新创造活力，建设社会主义文化强国"的要求，提出"在实践创造中进行文化创造，在历史进步中实现文化进步"。③这表现出基于文化自信的文化使命感与文化

---

① 人民论坛"特别策划"组：《2017 最具价值 100 观点》，《人民论坛》2017 年第 12 月下期。文中说明："2017 年，思想界理论界贡献了许多兼具影响力和思想深度的观点。人民论坛编辑部按照关注度、权威性、深刻性、新锐度的标准，经过多轮筛选，评选出 2017 年度理论界在政治、经济、社会、文化四个领域中最具价值的 70 个观点，以供广大读者学习讨论。"

② 《中共中央办公厅 国务院办公厅印发〈关于实施中华优秀传统文化传承发展工程的意见〉》，《人民日报》2017 年 1 月 26 日。

③ 习近平：《决胜全面建成小康社会 夺取新时代中国特色社会主义伟大胜利——在中国共产党第十九次全国代表大会上的报告》，人民出版社 2017 年版，第 41、44 页。

创造力的统一，值得关注的是，在该报告中列出了"推动文化事业和文化产业发展"的专门章节。

文创理念是在当代中国文化事业与文化产业实践中形成的新观念，基础在"文"，即文化；关键在"创"，即中华优秀传统文化的创造性转化、创新性发展；目标在"新"，即基于文化传承与文化融合的文化创新创造。

从狭义上来看，文创理念是推动文化发展的新观念，其核心特征是创新与跨界，以一个更广阔、更多维的视角推动文化发展。从广义上来看，文创理念是推动经济社会发展的新观念，其核心特征是以文化创意为引领元素和带动力的新发展模式，以文化创意整合各种生产要素，以满足社会的精神需求为主要目标，打造"乐经济"与"暖发展"。

2021年7月，国家统计局服务业司司长撰文指出，旅游、文化、体育等"幸福产业"发展良好。随着国内疫情防控形势的好转，居民出行意愿增强，国内旅游市场正在有序复苏，"周边游""自驾游"等中短途出游成为热点。清明、"五一"、端午假期，按可比口径全国国内旅游出游人次分别恢复至2019年同期的94.5%、103.2%和98.7%。2021年1—5月，规模以上游览景区管理企业营业收入同比增长83.6%，连续3个月保持80%以上的高速增长。随着线上化、数字化向更多场景延伸，文化、娱乐、体育等行业发展机遇增多，企业经营状况不断改善。2021年1—5月，规模以上文化、体育和娱乐业营业收入同比增长56.4%，增速快于规模以上服务业企业24.5个百分点。[1]文章中以"幸福产业"来指代文化、旅游、娱乐、体育等产业，鲜明地表明了文化产业、文化创意产业对当代社会快乐感、幸福感提升的突出作用。

文创理念作为当代文化创新发展的指导理念，以积极的姿态吸纳、鼓励多主体参与文化发展，推动政府力量、市场力量、技术力量、国际力

---

[1] 杜希双：《服务业经济延续稳定恢复向好态势》，见 http://www.ce.cn/xwzx/gnsz/gdxw/202107/16/t20210716_36722927.shtml。

量在文化发展中形成合力，探索当代中国文化发展的新内容、新机制、新业态，在产业实践中创造更多文化产品，在国际交流中创造更多文化内容。基于文创理念推动当代中国文化发展，体现了中华文化创造力的潜力与实力，也体现了以中华文化参与当代人类新文明建设的目标与原则。

以文创理念观察当代文化发展，可以发现，文创发展的实质是把大众的无形需求有形化、个性需求共性化。为此，敏锐地把握当代文化的特征，需要以多视角来推动发展。从当代中国文化看，经过40多年的改革开放，其表现出很强的现代性与后现代性并存的特点。法国学者波德莱尔把现代性描绘为现代城市生活的碎片化体验，人们追求"当下的新"与"稍纵即逝的时刻"。① 后现代哲学家利奥塔则把后现代简单定义为"对元叙事的不信任"。② 在这样的社会形态下，推动当代文化发展，单一视角是远远不够的，既看不清，也推不动。从当代文化产业、文化事业发展的活跃力量来分析，可以从创意视角、科技视角、生活视角来观察当代文化发展。

二、"文创"的概念层次

随着文化产业的发展以及文化发展中创意要素重要性的增加，"文创"成为一个热词。在对这一词语使用中，指代的对象是不同的，需要进行细致区分。理解当代文创发展特别是"文创"这一核心概念，有不同的层次，大致体现了一个由具体到抽象、由微观到宏观的过程。

第一层指的是文创产品，狭义的是以实物状态体现的文创商品、文创作品，大多以日常用品为主，兼具功能性与创意性，目前最为活跃、最

---

① ［英］阿兰·斯威伍德：《文化理论与现代性问题》，黄世权、桂琳译，中国人民大学出版社 2013 年版，第 146 页。

② ［英］阿兰·斯威伍德：《文化理论与现代性问题》，黄世权、桂琳译，中国人民大学出版社 2013 年版，第 161 页。

具典型性的是博物馆文创产品，这也是在大众使用中最常见的用法。广义的则包括内容创意、文化服务、非实体形态的数字文创作品等。值得注意的是，在疫情期间，数字文化产品的需求及生产大幅度上升。

第二层指的是文创产业，根据国家统计局的标准，文化核心领域包括新闻信息服务、内容创作生产、创意设计服务、文化传播渠道、文化投资运营、文化娱乐休闲服务6个行业，文化相关领域包括文化辅助生产和中介服务、文化装备生产、文化消费终端生产3个行业。根据国家统计局发布的数据，2021年前三季度，全国规模以上文化及相关产业企业实现营业收入84205亿元，比2020年同期增长21.8%，两年平均增长10.0%，比2019年前三季度同比增速加快2.4个百分点。文化核心领域"压舱石"作用凸显。2021年前三季度，文化核心领域营业收入51911亿元，比2020年同期增长22.9%，两年平均增长11.7%，比2019年前三季度同比增速加快0.9个百分点；占文化企业营业收入比重为61.6%，比上年同期提高0.6个百分点；对文化企业营业收入增长的贡献率达到64.2%，分别比一季度和上半年提高2.3和0.3个百分点。其中，新闻信息服务、创意设计服务、内容创作生产等3个行业两年平均增速超过两位数，分别为19.5%、16.3%和11.1%。另外，在文化相关领域3个行业中，文化消费终端生产两年平均增长10.9%，增速明显快于其他2个行业。[①] 可以预期的是，随着数字时代的深度推进以及"元宇宙"概念的提出，数字文创产业将成为高增长性的领域。

第三层指的是文创事业，与文创产业相比，文创事业的核心特征是非营利性，各种公共文化服务事业、具有公共性的内容生产、创意设计等都属于此类。在我国，典型的文化事业单位有公共图书馆、档案馆、博物馆、群众艺术馆、少年宫等。这类机构在发展过程中，也日益重视创意的

---

① 《国家统计局社科文司高级统计师张鹏解读前三季度全国规模以上文化及相关产业企业营业收入数据》，国家统计局，2021年10月30日。

生产与传播，但是以影响力与社会效益为目标，不是以营利为目标，成为文创事业的形态。

第四层指的是文创理念，这是从观念层面来看待文化发展的新思路，强调文化的创新发展，对当代中国文化发展来说，着力点在推动中华优秀传统文化的创造性转化与创新性发展，目标是提升中华文化创造力。

从当代中国经济社会发展来看，文创发展具有重要的意义。文创发展关乎经济增长，是新的经济增长点的重要来源，关乎文化自信，是文化认同与文化身份的重要支撑，关乎生命质量，是美好生活精神需求的重要依托。"人民群众对美好生活的向往和期待，包括了对美的艺术作品、美的生活环境、美的生活方式的向往和期待。'美术'已经拓展为包括创作、创意、设计、公共艺术、城乡建筑等在内的'大美术'概念。"① 从一定意义上说，各个行业的高质量发展都需要文化赋能，而文化发展需要创意驱动，因此，准确地理解"文创"的概念，把握文创的发展规律，形成完整的文创理论，可以找到认识当代中国文化发展以及经济社会发展的有效途径。

三、文创理念形成的时代特征

文化发展与经济发展、技术发展的规律与特征不一样，经济发展、技术发展以替代性创新、颠覆性创新为主要路径，技术创新、产品创新乃至商业模式创新，都追求原始创新，而文化发展是以传承性创新为主要路径，没有文化传承的文化创新是没有生命力的。究其原因，文化发展的重要目的是文化传递，让文化在族群一代代中传递，成为身份认同、价值认同的根本依据，成为凝聚文化族群的基本内核。

值得重视的是，当代文化的代际传递出现了崭新的现象，即全球化、

---

① 范迪安：《以丹青史诗讴歌伟大时代》，《人民日报》2021 年 12 月 15 日。

数字化的信息传播特征使得年轻一代可以更易知晓老一代的世界，而老一代却并不能相应地知晓年轻一代正在经历的和可能经历的一切。

美国人类学家玛格丽特·米德对人类代际之间交流的三种文化类型进行了清晰的描述，以前喻（pre-figurative）、并喻（co-figurative）、后喻（post-figurative）来定义："前喻文化，是指晚辈主要向长辈学习；并喻文化，是指晚辈和长辈的学习都发生在同辈之间；而后喻文化，则是指长辈反过来向晚辈学习。"对于当代社会，米德明确提出，"我们今天则进入了历史上的一个全新时代，年轻一代在对神奇的未来的后喻型理解中获得了新的权威"[①]。应该说，米德对当代文化代际交流的特征描述也是极富洞察力的。

在后喻文化凸显的当代社会里，大众传媒、社交媒体已经成为全新的教育传播手段，全球化生产、数字化生存、城市化生活成为全新的青年存在状态，仅仅让年轻一代完全重复老一代的文化内容与形式，显然已经无法持久、深入地打动年轻的心。换言之，在代际的文化传递中，仅仅表达传统价值观而没有时代内涵阐释、仅仅展示单一文化而没有多样文化比较、仅仅固守传统形式而没有创意与技术介入，其效果都是有限的。

文创理念关注文化创新创造，正是与进入后喻文化时代的当代文化代际传递特征相适应的。从中华传统文化的当代发展中能清晰看出，单纯地背诵四书五经很难获得大规模的普及，缺乏内在动力，而把传统理念、美学、文物转化为手机壳、马克杯等日用品的设计，就很能获得青年人自发的接受，传统文化的当代传播是通过文化消费行为来实现的。文创理念强调的正是适应年轻一代文化接收与接受行为的新规律，推动传统文化内涵与年轻一代文化现实需求的代际间对话，最大限度地吸收年轻一代的热情和创意加入当代中国文化的创新创造中，让传统文化积极与新媒介、新技术融合，让中国文化在广博吸收其他民族不同文化的过程中成为具有时

---

① ［美］玛格丽特·米德：《文化与承诺》，周晓虹、周怡译，河北人民出版社 1987 年版，第 27 页。

代特征、世界意义的当代人类文化中的引领性内容，让中国年轻一代成为中国文化的坚定传承者与有力创造者。

与文创理念形成的文化代际传递特征同等重要的另一个时代特征是产业力量在当代文化发展中的作用凸显，文化产业与创意产业的发展成为文创理念形成的产业实践背景，正是文创产业的形成让文创理念的形成有了实践基础。

观察人类的文化产品生产有两个维度：一个是生产者的维度，另一个是使用者的维度。早期阶段，不论是中世纪欧洲还是封建时代中国，文化产品都是"小众生产、小众消费"的格局，此时的文化生产是以个体性的资助、定制行为为主。进入工业化时代，大规模生产成为可能，文化产品形成"小众生产、大众消费"的格局，此时的文化生产是以文化商品化、规模化生产行为为主。进入后工业化时代、信息化时代，文化产品出现"大众生产、大众消费"的格局，此时的文化产品生产愈发显现出文化创意化、创意文化化的行为特征。

"以创意和文化理念为基础的发展战略于 20 世纪 90 年代末和 21 世纪初在全球繁荣起来。"[1] 在这一进程中，英国发挥了重要的引领者的作用，制定了相关的创意发展战略，并努力把伦敦打造成为创意城市。随着创意在现代新经济中发挥的作用越来越大，"创意"则成为一个热词、好词，成为学术界、产业界、政策界里具有普遍搭配功能的流行词，如创意产业（Creative Industries）、创意城市（Creative Cities）、创意集群（Creative Clusters）、创意劳动（Creative Labour）等都成为新术语。用英国文化研究学者雷蒙德·威廉斯的话来说，"没有一个词能像创意这个词一样，自始至终都受到正面的评价"[2]。

---

① ［英］大卫·赫斯蒙德夫：《文化产业》，张菲娜译，中国人民大学出版社 2016 年版，第 131 页。

② ［英］大卫·赫斯蒙德夫：《文化产业》，张菲娜译，中国人民大学出版社 2016 年版，第 130 页。

对文化产业的当代发展来说，由于创意的关键作用愈发突出，逐渐形成了当代的"文化创意产业"（CCI，Cultural and Creative Industries）的概念和产业形态。2015 年 12 月，联合国教科文组织（UNESCO）推出了首个全球文化创意产业发展报告——《文化时代：第一张文化创意产业全球地图》（*Cultural Times:the First Global Map of Cultural and Creative Industries*），时任联合国教科文组织总干事博科娃提出，文化创意产业部门已经成为发达国家与发展中国家经济增长的重要引擎，对收入、就业与出口产生影响，有助于为全球创造美好的未来。报告中数据显示，亚太、欧洲和北美成为全球文创产业的前三大市场，亚太占据全球文创市场收入的 33%、就业的 43%，报告中特别提到了一些文创领域的领军企业，其中包括中国的腾讯、CCTV。①

中国的文化产业与文化创意产业在产业实践中保持了与国际上基本同步的进程，持续快速发展。2012—2017 年我国文化产业年均增长 13% 以上，文化产业增加值占 GDP 已经达到 4.2%。② 根据国家统计局 2021 年 1 月发布的数据，2019 年全国文化及相关产业增加值为 44363 亿元，比 2018 年增长 7.8%（未扣除价格因素），占 GDP 的比重为 4.5%。按活动性质分，文化核心领域创造的增加值为 30757 亿元，占文化及相关产业增加值的比重为 69.3%，比 2018 年提高 2.5 个百分点，其中，文化传播渠道比重提高最多，占比为 11.9%，比 2018 年提高 3.7 个百分点。文化相关领域创造的增加值为 13605 亿元，占比为 30.7%，比 2018 年降低 2.5 个百分点。③ 从产业规模上看，中国的文化产业已经成为经济增长的重要引擎，当然，更重要的是，中国的文化产业发展还关乎中国的文化自信树

① *Cultural Times: the First Global Map of Cultural and Creative Industries*，见 https://en.unesco.org/creativity/sites/creativity/files/cultural_times._the_first_global_map_of_cultural_and_creative_industries.pdf。
② 张贺：《文化建设，持续释放创新创造活力》，《人民日报》2019 年 1 月 4 日。
③ 《2019 年全国文化及相关产业增加值占 GDP 比重为 4.5%》，国家统计局，2021 年 1 月 5 日。

立与文化强国建设，具有更为深远的社会意义。

引人瞩目的是，北京、上海、深圳等城市的文化创意产业高速发展，产业增加值占地区 GDP 比重不断提升，且增速远高于 GDP 增速，成为城市经济的重要支柱产业，助推经济高质量发展和城市转型。2015 年，深圳市文化及相关产业实现增加值 1010.11 亿元，成为我国首个文化及相关产业增加值突破千亿级的副省级城市，仅次于北京、上海位居全国第三；增加值占 GDP 的比重为 5.8%。①

地方政府围绕文化创意产业新兴业态进行了概念界定，制定了发展规划与政策体系，体现了政府对新兴的文化业态的敏感性，具有很强的理论意义与现实引导性。根据北京市政府发布的相关定义，"文化创意产业是指依靠创意人的智慧、技能和天赋，借助于高科技对文化资源进行创造与提升，通过知识产权的开发和运用，产生出高附加值产品，具有创造财富和就业潜力的产业"②。2018 年，北京市委、市政府出台了《关于推进文化创意产业创新发展的意见》，提出的基本原则之一是："坚持高端引领、创新驱动。聚焦文化创意产业高端方向、高端领域、高端环节，推动文化创意产业结构升级、业态创新、链条优化，依靠创新驱动形成文化发展新优势。"③

根据《上海市文化创意产业分类目录》的定义，"文化创意产业是指以人的创造力为核心，以文化为元素，以创意为驱动，以科技为支撑，以市场为导向，以产品为载体，以品牌为抓手，综合文化、创意、科技、资本、制造等要素，形成融合型的产业链，体现文化创意产业发展的新型业态"④。2017 年，上海市委、上海市人民政府出台了《关于加快本市文

---

① 《深圳市成为首个文化及相关产业增加值突破千亿元大关的副省级城市》，深圳市统计局，2016 年 9 月 13 日。
② 《政务名词：文化创意产业》，北京市人民政府，2021 年 11 月 8 日。
③ 《中共北京市委 北京市人民政府印发〈关于推进文化创意产业创新发展的意见〉的通知》，北京市人民政府，2018 年 6 月 21 日。
④ 《上海市文化创意产业分类目录（2018）》，上海市文化创意产业推进领导小组办公室官网，2021 年 2 月 20 日。

化创意产业创新发展的若干意见》，提出"文化创意产业是国民经济和社会发展的重要支柱产业，是推动上海创新驱动发展、经济转型升级的重要动力"的论断，明确发展目标是"未来五年，本市文化创意产业增加值占全市生产总值比重达到 15% 左右，基本建成现代文化创意产业重镇；到 2030 年，本市文化创意产业增加值占全市生产总值比重达到 18% 左右，基本建成具有国际影响力的文化创意产业中心；到 2035 年，全面建成具有国际影响力的文化创意产业中心"①。这些政策文件凸显了当代文创产业发展中创新驱动的关键性，凸显了文创发展对城市发展的重要性，特别是"以人的创造力为核心"可谓抓到了当代文化发展的根本要义，只有切实提高中华文化创造力才能形成当代中国文化发展新优势。

在文创产业实践的蓬勃发展中，围绕如何有效推动文化发展的新观念逐渐清晰。要提升文化创造力，不能仅是标准化、规模化的工业生产，还需要个性化、多样性的创意引领；不能仅是单纯的文化传播，还需要金融工具、市场机制、品牌策略的支撑；不能仅是狭义的文化内容开发，还需要与互联网、大数据、人工智能、虚拟现实等新技术手段融合。这些观念的形成都逐渐体现在文创发展的实践中，特别是在各地陆续出台的支持文创产业发展的政策内容中，愈发推进了对文创发展规律的认识深入。这些新实践助推了中国文化产业和文化事业大发展，助推了中华文化的当代传播与国际传播，也逐渐在学理上形成了清晰的文化发展新观念。

四、文创理念的文化主体意识

文创理念的根基在文化，这种文化是由文化基因决定的，是基于民族历史传统形成的文化共识，尽管"日用而不知"，但却深刻决定文化选

---

① 《上海印发〈关于加快本市文化创意产业创新发展的若干意见〉》，东方网，2017 年 12 月 12 日。

择与文化意识，也成为文化创新创造的深层营养与根本动力。

提出文创理念的目的是推动当代中国文化发展，进而为世界文化发展和人类新文明建设作出中国贡献。这一理念具有鲜明的文化主体意识，文化创新创造的根基是民族文化、传统文化，其内在逻辑是文化自觉基础上的文化自信，并通过自主性的文化创新创造实现文化自强。楼宇烈认为，"所谓自觉的文化主体意识，就是对传统的认同、尊重，对自己的传统文化有自信，我们才有可能平等地跟其他的文化比较、交流，才能比较清楚地看到自己文化的不足和其他文化的长处，反之亦然"①。这种文化主体意识对于当代全球化条件下的文化交流与发展至关重要，换言之，这是一种身份的主体意识、能力的主体意识、方向的主体意识，有了这种意识，才能进行文化建设上的主动选择。

文创理念作为当代中国文化发展的新观念，体现了不忘本来、吸收外来、面向未来。事实上，中国的深厚文化底蕴要在新形势下进行大力度的转化与发展，才能释放出其对内的凝聚力和对外的吸引力，才能让国人更加具有文化自信，让中国具有更加良好的文化形象。培养并运用文创理念，中华优秀传统文化和当代中国文化发展都将以更加积极的姿态参与到当代世界的文化发展中，真正成为"新轴心时代"的积极成员和中心成员。

近代科技革命和工业革命以来，西方文明以武力、科技、宗教为依托一统天下，"文明"一词具有很强的欧洲中心主义色彩，而在第二次世界大战以后，西方殖民体系解体，各民族国家独立身份逐步确立，民族文化的独立性愈发凸显。从当代全球化进程来看，深度的经济融合与强化的文化身份同时并行，文化价值观愈发成为国际交往中确定独立性与身份感的关键依据。汤一介认为，"自己民族的独立文化正是其确认自己独立身份的最重要的因素。因此，我们可以说 21 世纪将形成一个文化上的新的

---

① 楼宇烈：《中国文化的根本精神》，中华书局 2017 年版，第 167 页。

轴心时代"①。

"新轴心时代"是一个战略性的判断。这一时代是否能够出现，取决于各种文化能否找到自己的本源、实现自主的发展。单一文化的强大不可能形成一个"新轴心时代"，只有像公元前 500 年那样，欧美文化、东亚文化、南亚文化、伊斯兰文化等共同而自主发展，再加上当代的拉美文化、非洲文化也同样自主发展，才能形成人类文化异彩纷呈的新局面，才能出现一个新轴心时代，建设起具有文化多样性、平等性、开放性的人类新文明。

所谓"新轴心时代"，实际上是人类新文明的建设进程。在这一进程中，各种文化都应坚持传承基础上的创新，交流基础上的融合。汤一介提出，在新轴心时代，"各种文化将由其吸收他种文化的某些因素和更新自身文化的能力决定其对人类文化贡献的大小"②。从这点上看，中华文化无疑具有极强的优势。中华文化的内敛性、包容性强，历史上鲜有对外族布道传教的意识，但吸收外族文化的能力很强，所谓"杂取种种、自成一家"。对当代中国文化发展来说，在坚持包容性基础上广泛吸收各种异文化的内容是必需的，与此同时，还要强调坚持自主性基础上的创新创造。事实上，在当代中国文化发展中，文化是土壤，创意是种子，本土文化是土壤，外来文化是种子，只有充分吸收本土文化、传统文化的营养，多样性的创意种子、异文化种子才能生根、开花、结果。当代文创产业面临大发展大繁荣的机遇，要持续健康发展，不能被商业追求裹挟，不能被西方文化裹挟，最重要的是"把握精神根基，善于与众不同"。

"伟大的作家绝不是一味揣摩和顺应读者口味的人，而是积极引导和塑造读者的人，是让读者愿意追随而不是追随读者的人。这样的作家创造的

---

① 汤一介：《瞩望新轴心时代——在新世纪的哲学思考》，中央编译出版社 2014 年版，第 29 页。

② 汤一介：《瞩望新轴心时代——在新世纪的哲学思考》，中央编译出版社 2014 年版，第 29—30 页。

是一个时代，而不是一群'粉丝'。"① 作为中华文化的当代创造者，需要的正是创造一个新的时代的历史使命，而不是单纯迎合式地融入国际。从建设当代人类文化的"新轴心时代"的角度看，中华文化面临着难得的发展机遇，当然，也有很大的挑战，既要融入文化多样性的时代，又要保持文化独特性的发展，因而，只有以全新观念加快文化创新创造，推动中华文化大发展，形成人类文明新形态，才能在"新轴心时代"绽放中华文化之花。

第二节　文创理念的应用视角

一、创意视角

创意视角是一种个性化视角，重点关注文化发展的内容创新。没有创意的文化是重复的，没有文化的创意是单薄的。当代社会的文化产品极大丰富，有些像"超市型"的存在，即多样性的文化产品与自主性的个体选择并存，而在后喻文化时代，引领"文化超市"消费方向的是年轻一代，因而标准化、重复性的文化产品缺乏魅力，而个性化、差异性的文创产品才能吸引关注。传统的文化发展是一种精英主义的视角、前喻文化的视角，由少数人创作、多数人接受，但是，"在许多作家看来，后现代意味着转向民主和开放的文化的真正倾向，并最终结束精英主义和封闭的现代性"②。以创意视角来观察文化发展，体现了大众的多样性需求与创造的多样性主体。

当代中国的产业结构正在从劳动密集型的、低附加值的、大批量生产的传统产业结构转向智力密集型的、高附加值的、定制性生产的

---

① 张文木：《战略学札记》，海洋出版社 2018 年版，第 574 页。

② ［英］阿兰·斯威伍德：《文化理论与现代性问题》，黄世权、桂琳译，中国人民大学出版社 2013 年版，第 164 页。

现代产业结构，究其原因，公众素质结构、文化结构、消费结构都在发生深刻转变，因而，从文化产品与服务的消费来看，被动地、规模化地接受单一文化内容越来越被排斥，主动地、个性地选择多元文化内容成为普遍。与此同时，越来越多的大众不仅是文化的消费者，也成为文化的生产者，特别是基于网络平台的文化创作愈发有利于个体化力量发挥作用，比如中国网络文学的兴盛就是鲜活的体现，既有数以亿计的网络文学用户，也有数以千万计的网络文学写手。①

从中国文化的当代传播来看，特别是非物质文化遗产的当代传播来看，让"传统"成为"时尚"，让"中国"成为"世界"，真正流行起来，需要很强的创意能力。仅仅是传统形式的完整复制，对于当代文化接受来说是不够的。从传统艺术形式来看，不论是京剧、昆曲等传统戏剧，还是二胡、琵琶、扬琴、古筝、笛子等中国民乐乐器，仅仅是传统剧目、传统形式表演，只能吸引少数"专业爱好者"，而对大众来说，进行创意组合与编排设计的作品才能真正"走红"。同样，阴阳、五行、节气等中华传统文化题材，仅仅以传统的内容与形式展现出来，很难打动当代青年，而一旦进行了创意摄影与内容开发，就可能成为流行品。博科娃认为，"非物质文化遗产是我们通过创新与创意实现包容性可持续发展的重要一环，也是去直接体验其他'活态遗产'的机会，从而感知人类无限的多样性、生命力和创造力"②。事实上，围绕中国二十四节气，春节、中秋、重阳等

---

① 根据中国互联网络信息中心 2021 年 8 月第 48 次《中国互联网络发展状况统计报告》，中国网络文学用户超过 4.6 亿人。根据 2018 年 9 月第二届中国"网络文学 +"大会开幕式上的报告所公布的数据，国内 45 家重点网络文学网站的驻站创作者已达 1400 万人，其中，签约作者人数达 68 万人，47% 为全职写作者，约 32 万人。考虑到重复注册等原因，估计网络作者超过 1000 万人。更重要的是，英文翻译和原创网文作品等也吸引了大量海外用户。有人认为，中国网络文学与好莱坞电影、韩国电视剧、日本动漫可以并称为当代世界的"四大文化现象"。

② 2018 年 2 月 27 日下午，联合国教科文组织前总干事、全球希望联合会主席伊琳娜·博科娃（Irina Bokova）应邀在"清华文创讲座"发表题为《文化与文化遗产——可持续发展的桥梁》的演讲，笔者主持了此次演讲。本文提及演讲内容根据现场录音整理。

传统节日，设计出符合时代特征的全新故事乃至完整世界观，才能开发出有影响力与传播力的文化产品与文化IP，真正让中华优秀传统文化在当代焕发出新的生命力。

以创意视角推动当代中国文化发展，希望突破的是文化代际传承中的权威性、复制性、整齐性，这与当代文化消费行为的"年轻态"是一致的，也与当代创客群体、创意劳动兴起是一致的，传统文化的创造性转化与创新性发展需要鼓励与众不同的创意行为，培养对创意行为的"容忍""试错"的社会氛围，尤其是对青年人的创意实践要给予最大善意的支持与包容。这种内容的创新成为文创理念观察与推动当代中国文化发展的有效视角。

二、科技视角

科技视角是一种现代化视角，重点关注文化发展的载体创新。没有科技的文化是边缘的，没有文化的科技是乏味的。从当代社会行为的普遍特征来看，互联网与手机使用无疑成为最具典型性的存在，从一定意义上说，互联网已经与空气一样重要，成为当代人日常生活的标配，而手机已经成为"人体的器官"，侵入人们所有的空间，不论是公共空间还是私人空间，不论是白天还是黑夜，而从接触时长上看更是无可替代地成为当代人"最好的朋友"。媒介化社会、数字化内容对于当代文化发展来说，已经是基本的时代背景，换言之，没有进入现代媒介、进行数字化呈现的文化内容，严重缺乏了时代气息与传播能力。

早在1948年梁思成就曾在清华大学做过一个讲演，题目是"半个人的时代"，谈的就是文、理分家导致人的片面成长问题。如果说那个时候的呼吁还只是一种人才全面成长的更高需要，而到了21世纪的当代社会，科技已经成为驱动发展的关键要素，也成为全方位影响当代政治、文化、社会发展的关键要素，对当代文化发展来说，文化与科技的融合已经不是

"选答题"，而是"必答题"。

文化发展要融入当代社会，必须融入已经高度科技化的当代社会。从文创产业中最具显示度的电影来看，随着后期制作技术、数字特效技术、智能影棚等的普及，对先进影像技术的使用要求越来越高。同样，技术的改变带来文创产业形态的改变，在数字技术、智能技术等普及的条件下，传统电视台已经愈来愈式微，而各类网络音乐、网络剧、网络电影等大规模兴起。在文旅领域中，各类主题公园、实景演出、舞台表演秀的形式里，虚拟现实、人工智能、全息成像、人机交互等先进的沉浸式体验设备和技术的使用更是迅速而自觉。

先进科技手段在文创产业中的运用，其背后最重要的推手是资本。究其原因，资本为了打造具有盈利可能的文创项目，具有强烈的引进先进科技手段进入文创产业以创造新业态的冲动。从世界范围看，在网络时代，这种科技与资本的结合成为发达文化工业产品体系得以全球扩张的重要力量，通过掌握基于互联网的新技术平台、新技术形式，可以实现文化产品的全球扩张。用美国学者丹·席勒的话说，"互联网构成了跨国程度日益提高的市场体系的核心生产和控制工具"[1]。当美国企业提出"元宇宙"概念后，中国企业界、学术界迅速掀起热潮，这种跟随现象值得反思。对于当代中国文化传播来说，更加主动地参与数字文化新产品、新业态的创造，引领基于新技术的文创发展，成为提升中华文化创造力的迫切任务。

与此同时，值得注意的是，科技手段的引入不仅带来文创产品物质载体、表现手段的变化，也形成了文化作品创作中越来越多的科技意识，事实上，近些年来，科幻题材、未来题材等不断成为文学、电影、网剧、游戏等的热点，成为电影排行榜上的耀眼主题。值得关注的是，基于中国科幻小说《三体》进行文创产品开发成为热点，"三体"也有望成为当代

---

[1] Dan Schiller, *Digital Capitalism: Networking the Global Marketing System*, Massachusetts: MIT Press, 2000, p.14.

中国最具科技感的文化 IP。

以科技视角推动当代中国文化发展，尤其值得重视，因为传统的中国文化创作总体太"文"了，缺少科技感、地球感、未来感，而这与当代社会的科技化、全球化特征是有距离的，如今，越来越多的科技色彩为中国文化作品、文创产业带来了时代的活力，而中国的数字基础设施的发达与互联网应用的领先让数字文化产业快速发展。这种载体的创新成为文创理念观察与推动当代中国文化发展的有效视角。

三、生活视角

生活视角是一种社会化视角，重点关注文化发展的应用创新。没有文化的生活是无趣的，没有生活的文化是无力的。当代中国社会的一个突出特点是大众在物质丰富之后的精神需求上升，换言之，文化需求已经不是大众日常生活的奢侈品而是必需品，文化消费成为消费热点，文化选择成为情感需要乃至身份认同。

与物质匮乏时代不同，当代人对生活的审美意识愈发凸显，对饮食、穿衣、日常用品、活动空间等的文化特征要求愈发提升，这种日常生活审美化可被视为唯美主义和消费主义的叠加，尽管大众对审美感与文化感理解的角度不一、深度不一，但"诗意栖居""快乐生活"愈发成为共同趋势。关注日常生活中的审美追求，引导并提升审美品味，引发学界业界的关注。"一方面是审美的日常生活化。审美活动进入寻常百姓家，充实着人们的精神世界。另一方面是日常生活本身也在逐步审美化。人的衣食住行、日常起居都伴随着审美，普通人越来越自觉地追求生活的质量和品位，享受生活的舒适与惬意。这就要求美学不能只停留在文学艺术领域，而要去探讨日常生活的审美问题。要研究怎样把人类创造的人文之美以及天造地设的自然之美引进人的生活，研究如何把日常体验提升为审美体验，引导大众的积极审美趣味，相应地，也应警惕过度追求享受带来的一系列生态和心态问题。"①这种趋势促使各种传统消费行业追求文化味、创意感，以文创赋能生活类消费产品与服务升级成为共同选择。

旅游是当代生活消费中的重要内容，在旅游的升级过程中，文化成为关键驱动力，文化驱动旅游发展使得文化和旅游的结合日益紧密，乃至政府相关主管部门都合二为一。文旅小镇是当代中国文旅发展中的典型形态，在地化、生活化、艺术化成为普遍特征，就地取材、渗入日常的设计理念，体现了当代文创发展生活化的取向。国内首个以戏剧为主题的文旅小镇是坐落在中国女子越剧诞生地浙江嵊州的"越剧小镇"，在保持天然山水田园风貌的基础上，打造集戏剧、文化、生活于一体的生态园区，以越剧为核心，以包含戏曲、话剧、舞蹈、曲艺、音乐剧等在内的常态演出为支撑，以剧场、戏剧工坊、艺术教育、非遗体验馆、工匠艺术村落等为板块。②根据小镇的建设理念，坚持"山水、戏剧、生活"的有机融合，视每一位来小镇的参与者，包括旅游、度假、休闲、居住者为"家人"，通过舞台、山水、小镇农庄院落的多重体验，感受小镇最为亲昵的邻里关系和人文关怀，让每一个"家人"的内心重回故乡，长出最熟悉的人情关系，构建最美好的品质生活。

同样，从文创产品开发比较活跃的博物馆行业来看，与日常生活用品结合、让文物"活"起来成为普遍特征。故宫博物院、国家博物馆等的馆藏文物文创品设计与笔记本、手机壳、马克杯、胶带纸、冰箱贴等紧密结合，获得很好的市场反应，故宫日历、国博雪糕等成为常销、热销产品，故宫博物院、国家博物馆也成为中国博物馆文创发展的引领者。

故宫日历是一个典型的文化走入生活的文创产品，既是"畅销品"，也是"长销品"。其实，早在1925年故宫博物院成立起就开始了这一尝

---

① 胡经之：《中华美学助力创造美好生活》，《人民日报》2022年1月7日。
② 梅生：《越剧小镇：戏剧之魅与生活之美》，《人民日报》2019年1月17日。

试，1933年至1937年出版《故宫日历》，每年一册，作为普及型艺术品，广受欢迎，风靡一时。2009年年底，故宫出版社以1937年版为蓝本恢复出版了《故宫日历》，每年一册，古朴的集字、多彩的文物、创意的版式三合一，再次取得广泛认可。自2014年版起，传统节日、二十四节气采用碑拓集字，多出自褚遂良、欧阳询、颜真卿等名家书迹。2022年是中国传统虎年，日历中特别突出了"虎虎生威"的主题，展示了西周青铜虎、汉代陶虎、虎纹瓦当、宋代错金银虎尊等文物图样，很是用心，而展示的多幅清代冰嬉图卷，让人看到了清代人滑冰的场景，有双人滑叠罗汉，还有吹笛子、打板和手鼓的滑手，妙趣横生。

以生活视角推动当代中国文化发展，体现了让传统文化特别是文物"活"起来的理念，推动艺术品由观赏品、奢侈品变成日用品，让文化感渗透到生活细节中而不是脱离于生活行为外。这种应用的创新成为文创理念观察与推动当代中国文化发展的有效视角。

文创理念对于以文创赋能各个传统行业、打造新型文化业态具有指导意义。按照这一理念，可以形成包括"文创+旅游""文创+乡村""文创+制造""文创+文物"等的"文创+"的生态体系，有效引领产业升级，推动乡村振兴，助力城市更新。文创理念以文化为根基、创意为关键，这就要求在文创赋能过程中，以文化创新创造来推动赋能对象的文化内涵的挖掘、呈现、转化与发展。

通过文创理念赋能提升中华文化创造力，要重点关注"文创+文物"的生态体系和创新实践。2021年11月中央全面深化改革委员会第二十二次会议审议通过了《关于让文物活起来、扩大中华文化国际影响力的实施意见》，指出要准确提炼并展示中华优秀传统文化的精神标识，更好体现文物的历史价值、文化价值、审美价值、科技价值、时代价值。要创新转化手段、强化平台建设、夯实人才基础、完善体制机制，以实施重大项目为牵引，提升文物科技创新能力和各项工作保障水平。要开展创新服务，使文物更好融入生活、服务人民，积极拓展文物对外交流平台，多渠道提升中华文化国际传播能力。① 事实上，文物承载了传统文化，成为当代传承与弘扬传统文化的重要依据，准确地挖掘文物中的综合价值，创造性地转化文物在当代社会中的呈现形式，是文创理论的重要内容与实践。

第三节　文创赋能的着力点

一、讲故事

好莱坞电影人塞西尔·德米尔曾说过，"世界上最伟大的艺术是讲故事的艺术"②。讲故事是人类的重要能力，其原因在于，听故事是人类的基本需求。在一定意义上，人类的历史与文化正是靠故事传递的，《圣经》《论语》等人类经典历史文化文本中都充满了生动的故事，通过不同的故事传递了不同的思想、哲学、伦理。

好故事是文化内涵和创意表达的紧密结合，讲故事是文创理念的最好运用。在旅游产业中运用文创理念，首要的就是挖掘在地故事的历史文化内涵。对旅游地点的历史文化的梳理、知名人物足迹的再现、文化象征意义的凸显等，都能让观光式的旅游成为文化式的旅游，增强旅游的人文感与记忆性。

2021 年年初，笔者参加一个西南联大文旅课题研讨，走进了坐落于昆明市宜良县西山的岩泉寺。这座寺之所以有名，源于抗战初期西南联大教授钱穆先生曾在此居住近一年，写作完成史学名著《国史大纲》一书。

---

① 《加快科技体制改革攻坚建设全国统一电力市场体系　建立中小学校党组织领导的校长负责制》，《人民日报》2021 年 11 月 25 日。

② 笔者在 2016 年访问美国派拉蒙公司总部时看到美国著名电影人塞西尔·德米尔（Cecil B. DeMille）的这句话，其原文是 The greatest art in the world is the art of storytelling。美国电影电视金球奖的"终身成就奖"就被命名为塞西尔·德米尔奖。

为了纪念这一学者与这一书，当地政府在此专门修建了"钱穆著书纪念馆"。初看到此纪念馆的名称，甚觉新奇，因一人而修的纪念馆多，但因一人一年一书而修的纪念馆却少见。站在寂静的寺中，睹馆思人，八十多年前那段岁月重新回到了眼前。据介绍，正是源于这一纪念馆的修建，为当地旅游增添了特殊的魅力，也成为许多研学项目的必选项目。

故事驱动的文创赋能具有强大的能力，能够给文旅业、制造业、服装业、玩具业、餐饮业等各个行业带来消费力与附加值，究其原因，故事意味着意义与情感，当这些因素叠加进具体产品中时，其带来的非功能性的消费行为是超越市场价值规律的。钱穆著书纪念馆就制作了"明前宝洪绿茶"，素朴的牛皮纸包装袋上印了一段话，讲述"国学大师钱穆先生与宝洪茶"的故事，内容摘自钱穆八十岁的回忆文章，读来很是有趣，而此茶的特殊价值也自然不仅是养生所能比拟的。同样，笔者带学生在南非一酒庄参观时，起初大家对各种看到的酒只是看看而已，但当介绍者说到某款酒是拿破仑最爱喝的，而且晚年被关在圣赫勒拿岛时要求每天都要喝到此酒，于是乎，几乎每个人都选购了此款酒。

在中国的文创故事挖掘中，重点在于讲好中国人的故事。从实践中看，应当着重关注三类内容：一是"中国英雄"，比如近年来广受好评的影视作品《湄公河行动》《金刚川》《觉醒年代》等，这些作品塑造了坚毅不屈、舍生取义的中国式英雄形象，展现了中国传承千年的忠义精神与家国情怀；二是"中国好人"，比如2021年热播的脱贫攻坚剧《山海情》，通过讲述一个励志而悲情的普通西北农民的故事，传递出了普通人与命运抗争的坚毅力量，另一部热卖电影《你好，李焕英》则细腻地刻画出了普通人物的真挚亲情，令人动容；三是"中国神仙"，主要是中国神话传说与民间故事中的神仙人物，比如《哪吒》《青蛇》《大圣归来》《大鱼海棠》等，这些幻想类故事（Fantasy）对于外国人而言极具吸引力，也有较强传播力，尤其在东亚地区还有着共同文化基础。事实上，挖掘好中国人的故事，提升中国故事的人格化程度，中国的文创发展就能找到更多着力点。

二、造体验

体验经济是一种新的经济形态，与关注功能性的产品开发不同，强调通过设计与服务让使用者获得直观的、切身的感受。体验产业与文创产业有着天然的联系，共同点在于都强调使用者的非功能性的主观感受。"所谓体验产业，是指那些设计、创作、生产、加工或除了具备一般性功能之外，能够给人们带来体验感受的产品或服务的生产部门，主要代表部门可以包括如旅游、体育、音乐、互联网、电影、广告设计等部门。"① 因此，在文创理念的运用中，体验感的设计也成为重要着力点。

体验感设计要考虑主客观两方面的因素：一方面是场景的真实性，任何场景的设计都要符合该场景自然存在、历史存在的状态；另一方面是主体的参与性，让进入场景的使用者具有沉浸感、互动感。在钱穆著书纪念馆中，修建者参照原记录进行建筑复原，且非常用心地邀请到了钱穆当年西南联大的学生、已近百岁的著名翻译家许渊冲题写了馆名，让此新馆别具历史感与文化味，所谓"馆虽新、意却旧"。

与传统的人文地理实景体验不同的是，人造体验空间愈发成为更普遍、更具创造性的选择，由此，沉浸式体验产业逐渐兴起。沉浸式理念在全球逐渐扩展，体现了新叙事、新技术和新空间的深度融合。在"沉浸式空间"中，三维空间成为一种叙事手法，内容向空间延展，空间与参与者进行交互。这一趋势衍生出了许多当代的新的文创业态，密室逃脱、剧本杀逐渐兴起，在北京、上海、武汉等大城市尤其活跃。从国际上来看，打造沉浸式娱乐综合体，将沉浸式体验与餐饮、零售等结合在一起，将科技、时尚与艺术结合在一起，逐渐成为趋势。沉浸式娱乐被认为会成为新的艺术形式，成为继文学、绘画、音乐、舞蹈、雕塑、戏剧、建筑、电影

---

① 赵放、王淑华：《体验经济与中国体验型产业发展的研究》，《社会科学战线》2013 年第 11 期。

和游戏之后的"第十艺术"。

随着文化科技深度融合，沉浸式体验产业迭代速度加快，成为一种崭新的文化业态，具有较强的吸引力和增长性。当代的沉浸式体验，是基于现代技术应用而打造的高仿真、包裹型、全感官、极致性幻境，实现了对时间和空间的再造，是创造力与体验感的结合，是现场体验与数字体验的结合。具体表现为沉浸式演艺、沉浸式展览、沉浸式游戏、沉浸式旅游等形态。"沉浸式体验是依托数字化准客体而建立起来的空间活动体验，空间造境是其核心业态，也是使得受众获得沉浸感的关键要素。它的空间造境主要分为三种形式，即纯空间意境营造、交互式空间营造和叙事性空间营造。它以不同的手段营造不同的空间意境，让人们沉浸在特定的情与景中，全身心体验设计者营造的氛围和主题。"[1] 要打造好的沉浸式体验业态，需要文化创意、文化传播、戏剧影视艺术、大众心理、艺术设计、虚拟现实、沉浸式舞台光影设备、新媒体装置等多专业的共同介入，体现了高度的学科交叉，是文创理念的跨界融合的典型特征。

三、善授权

从国际经验看，要培育"文创+"的新型文化业态，核心是基于文化IP 的品牌授权业发展。要注重挖掘各类文化内容的核心情感元素、价值元素，将其名称、形象等形成 IP 并进行创造性转化与创新性发展。从全球范围看，品牌授权业的市场规模已经超过 2400 亿美元，而中国的文化资源正在成为越来越重要的授权资源，中国的市场更是具有巨大的增长潜力，中国的授权市场以年均 9.2%的速度增长，成为世界上发展最快的品

---

[1]　花建、陈清荷：《沉浸式体验：文化与科技融合的新业态》，《上海财经大学学报》2019年第 21 期。

牌授权市场，远高于美欧年均 1.7% 的增速。①

近年来，包括国家博物馆、故宫博物院在内的中国的博物馆行业越来越重视创造文物 IP，开发周边创意产品，吸引了大量年轻粉丝。在今后的中国文化发展中，不但要进一步发掘文物等中华优秀传统文化中的老 IP，还要善于通过当代文学、动漫、电影等创造新 IP。更重要的是，要善于将这些 IP 进行更广泛、更多样的商品转化，形成新型文化业态，比如国产原创动漫形象阿狸等通过 IP 开发与转化，取得了不错的成绩。

国际品牌授权业协会前主席赛丹杰认为，品牌授权业务本质上是一个跨界的过程——通过商品，将娱乐内容、生活方式、企业品牌和零售融为一体。它凝结了包括市场营销、会计学、法学、电影学、工业设计、心理学、建筑学和计算科学等多个学科的集体智慧，是一种差异化、交叉型、移植性的创新思维结晶。他认为，中国在游戏、电影等内容产业已经超过美国，成为最大的市场，中国的文化元素、文化品牌也在进入美国等世界各国，从某种意义上说，品牌授权将成为文创行业内最高的那块天花板。在中国，品牌授权业有着巨大的空间，对现在和未来的文创产业发展都非常重要。②

值得重视的是，在发展授权产业时，打造具有市场转化力的文化 IP 是核心任务，而要打造优秀的文化 IP，离不开好的故事与好的形象，为此，要坚持"一个中心、两个基本点"，即以打造文化 IP 为中心，以故事和形象为两个基本着力点。好的故事具有传播力，能够传递文化 IP 中的情感与价值观，好的形象具有符号性，能够成为市场转化的载体与依据。

从国际经验来看，要形成好的文化 IP，就要具备新宇宙、长时间、

---

① ［美］赛丹杰，格里高利·巴特斯比：《品牌授权原理》，吴尘、朱晓梅译，清华大学出版社 2016 年版，第 1 页。

② 2017 年 3 月 9 日，国际授权业协会前主席赛丹杰到访清华大学并作了题为《全球娱乐 IP 的品牌管理与授权》的演讲，笔者主持了这次演讲，在演讲中，赛丹杰阐述了文中内容。

大生态与真热爱四个要素。优秀的文化 IP 都是无中生有的，不论是米老鼠、唐老鸭还是哈利波特，都是通过想象力、讲故事来构建一套全新的宇宙观和世界观，这个宇宙中的角色不同于现实人类社会，但却有着其基本的行为特征，而其价值观念、情感体系、关系网络则是全新构建的。与此同时，这种新宇宙的建构不是一部片子就可以的，而是十几年、几十年、多部作品长期积累的结果，经过漫画书、动画片、系列图书、连续剧、大电影等多种媒介形式的持续传播，换言之，一部"爆款影视剧"并不能构成一个好的文化 IP，没有时间的积累不能成为普遍性的文化记忆。从商业角度看，有了新宇宙与长期传播的文化作品，就形成了文化 IP 的好基础，还需要与各种被授权商、被授权行业保持积极互动，形成良好生态，才能在市场上获得支持。而从最深层次的角度来看，每个文化 IP 都有自己的创作者发自内心的热爱，也就是说，文化 IP 是有自己的灵魂的，不论是斯坦·李对"漫威宇宙"中超级英雄们的钟情，还是藤本弘对来自 22 世纪的蓝色机器猫哆啦 A 梦的持续创作，都体现了创作者鲜明的人格化特质与深度的情感投入。

四、文化更深，创意更活

文创赋能让文物"活"起来，让观众把文化"带回家"，这些新鲜的文创理念和文创实践让中华传统文化迅速进入寻常百姓家。事实上，中国文创的兴起，得益于国内市场消费升级的需要，大众消费行为中的功能性需求趋于稳定，精神性需求日益旺盛，对文化、艺术、娱乐等精神产品和服务的需求在上升，对传统物质用品的审美、文化需求也在上升。消费品的颜值水平、文化含量与传播能力日益成为决定其市场接受度的要素。

近几年来，北宋名画《千里江山图》成为文创圈的"爆款品"，基于这一画作的日常文创用品开发、主题展览、创意演出乃至游戏设计等，屡屡引发舆论热评、市场热卖，既叫好又叫座，究其原因，是抓住了当代文创高质量发展的核心原则：文化更深，创意更活。

值得重视的是，文创产业的重要推动力是市场，但仅以市场力量和经济价值来推动文创发展，就会走入误区，或是简陋直白的"文化贴牌"，或是不求甚解的"文化误读"，或是迎合低级趣味的"文化扭曲"。如此种种，皆是文创发展中的消极因素，应该以健康的文创理念与文创实践予以清除。

文创发展的灵魂是文化，有文化的文创才是有精气神的。细究中国文创发展的深层次原因，是经济发展到一定阶段后国民文化自觉的提升，在物质小康实现后，身份认同、文化依归的追求从自发到自觉，从小众到大众。文化自觉需要文化寻根，找到文化基因，中华文化的深厚历史常常会激发起当代国人的自豪感与幸福感。因此，对文创发展不能浅薄地认为是单纯的经济行为、消费取向或技术炫酷，其实质意义在于民族文化感染下的心灵自我完善，也只有基于这种认识才能把握文创发展的文化根基。守正方可创新，正是因为《千里江山图》的中华美学底蕴、人文精神等在一些文创产品开发和创意传播中得到了很好的展现，才会不断地打动人心，形成"爆款"。

文创发展的力量是创意，有创意的文创才是有生命力的。以文创理念来推动当代中华文化发展，突出一个"创"字，基于传统的土壤，推动中华优秀传统文化的创造性转化与创新性发展。站在传统的肩上，活在现实的光里。今天的中华文化发展，不能是简单的文化复制，更不能是陈腐的文化复古，而是要以时代之眼发现传统之美，以创意之力活化传统之韵。优秀的文创发展，不要抄袭，不要守旧，不要封闭。中华文化能够延续数千年连绵不断，源于其极强的开放性、包容性与创造性，以中国文创来发展中华文化，就是要将这些特性转化为当代中国文化的生命力与影响力，对内凝聚文化自信，对外展现文化形象。

推动当代中国文创的健康发展，需要进一步推动文化自觉、专业能力与青年参与的统一，一方面，积极地培养更多具有文化使命感与文化创造力的文创人才，推动文创发展从业余到专业、从自发到自觉的转变；另一方面，主动地为当代中国青年参与文创发展提供舞台和资源，让中国青年更多地担任中国文创主角，也是文化自信的重要体现。孟子曰："人病舍其田而芸人之田。"当代中国文创发展要充分耕耘好中国之"田"，就要发挥好自身有利资源，即深厚的中华文化传统、庞大的中等收入人群与自信的当代中国青年。

通过文创理念赋能各个产业、各个领域，形成了许多新型文化业态。从对传统制造业产品特别是老国货日用品的文创赋能中，形成了"新国潮"；从对乡村振兴的文创赋能中，形成了当代"乡创"实践；从对城市更新的文创赋能中，形成了"奇妙城市"；从对数字科技的文创赋能中，形成了"数字文创"。从一定意义上说，未来一切产业都可以通过文创赋能提升附加值和竞争力，一切产业也都可以变成文创产业。

要提升文创理念的赋能能力，需要树立"大文化观"，认识到当代物质的生产已经愈发脱离了"功能导向"主导的阶段，进入了"功能导向"与"审美导向"并重的阶段，认识到当代社会进步已经愈发脱离了"物质主义"的追求阶段，进入了"人文主义"的追求阶段。在这种转变中，文化要素日益重要，能够创造性地运用文化要素来推动经济社会发展，才能让发展带来更多的获得感、满足感、温暖感，实现"乐经济"与"暖发展"。

推动文创理念的普及与运用，从根本上看，要培养具有文化使命感和文化创造力的文创人才。文创理念的核心特征是创新与跨界，对文创人才的素质要求也是复合型、交叉性的。2001 年，澳大利亚昆士兰科技大学成立了世界上第一个"创意产业学院"，旨在整合表演艺术与创意艺术、媒体与传播、设计等不同学科，为当代新知识经济中的创意产业培养毕业生。[①] 从文创人才培养的专业上看，有三个专业成为重要支撑：媒体

---

① ［澳］约翰·哈特利：《创意产业读本》，曹书乐、包建女、李慧译，清华大学出版社 2007 年版，第 5 页。

（Media）、艺术（Art）、设计（Design），恰巧的是，这三个单词首字母合起来就是 MAD（着迷的），这也暗合了文创发展给人带来的喜悦感和冲击力。①

　　文创理论对当代中国的文化发展和国家形象塑造都具有重要作用，既能够通过创意传播来展示中国的文化形象，又能够打造新型文化业态来推动文化事业和文化产业繁荣，更重要的是，具有文创理念的年轻一代将成为全民族文化创新创造活力的重要体现。运用这一理念，中国的经济增长、文化自信、社会和谐、生命质量都将持续改善，具有鲜明人文精神特质和深厚历史底蕴的中华文化也将在当代世界多样性文化表达中更具魅力与活力。

---

① 2018 年 12 月 5 日，笔者在意大利罗马召开的"中意创新合作周"中作了题为《文创理念与全球文化传播》的演讲，谈到这个内容时，引起现场听众的热烈反应。

第三章　国潮文创

国潮不仅是国货之潮，也是国力之潮，更是国运之潮。理解国潮，可以用一个简单的公式：国潮＝中国货＋时尚潮。国潮的载体是产地为中国的一件件产品、一个个品牌，这些中国的商品是国潮最鲜活、最具体的承载者。这几年，国货的概念在国人的心目中发生了很大的变化，早先谈国货，会觉得是价格低廉、品质一般的内涵，而在国潮兴起后，国货的概念不一样了，更重要的是，用国货时的情感发生了变化，内心满足感发生了变化。这种国货的兴盛，体现了国家发展水平的整体提升，更体现了国家精神力量的蒸蒸日上。

第一节　国潮的兴起

一、国潮元年

2018 年被普遍认为是"国潮元年"。① 从文献研究中看，2018 年以前，基本上没有文献提及"国潮"的概念，没有国潮现象的理论性分析，从

---

① 文宗：《国潮"出圈"》，《新城乡》2019 年第 12 期；姚林青：《"国潮"热何以形成》，《人民论坛》2019 年第 35 期；慕容安、磨盘图：《李宁兴衰三十年：借"国潮"之风"浴火重生"》，《品质》2020 年第 2 期。

2018 年开始，有媒体关注到国潮现象，并进行集中报道。《齐鲁周刊》在 2018 年上半年专门策划了一个"新国潮运动"的专题报道，谈及"无论是对新东方美学的倾心，还是对非遗匠心的钟情，越来越多年轻人热衷于消费国货。很多外国朋友也通过'逆代购'来海淘中国好物。一种新国潮运动悄然兴起。当买国货、用国货、晒国货，成为'国潮青年'一种新的生活方式，我们尝试找出这些现象背后的国潮密码"①。

国潮成为现象，起初是自发的消费行为，逐渐成为自觉的时尚行为，日益成为一种当代中国青年的潮流选择。《时尚北京》杂志在 2019 年进行了专题报道，"从国内潮流开始崛起的时候，出现了一个词——'国潮'，本来并无非议，但是提起国潮，多少人还停留在回力、飞跃的时代？在曾经的那个年代，他们抢一双回力的热情，不亚于如今彻夜排队买鞋的 sneaker 们，还有人认为国潮就是抄袭、质感差。今天，《时尚北京》杂志特别策划此专题，为国潮正名，选取了一些具有代表性的国潮品牌，让你们看看，这些国潮有多酷，有多惊艳！"② 从这期杂志上选择的品牌来看，以服装为主，其中特别突出了"李宁"复古系列运动风衣、运动长裤、运动鞋等。

从实践中看，"李宁"服装在形成当代国潮中的确发挥了具有标志性意义的"推门者"的作用。2018 年 2 月，"李宁"服装带着自己的国产运动服装参加纽约时装周，成为中国首个登陆纽约时装周的运动品牌，并打出了"国潮来袭"的文案和宣传海报，这一事件被视为开启当代国潮的标志性事件。在文宣中，以传统书法突出了中国哲学经典思想的"悟道"二字，衍生出"心之悟"和"型之悟"两大系列产品参展。根据文案的解释，"心之悟"以中国文化中的"天人合一"为灵感，将运动本身与中国传统文化、复古潮流融会贯通，旨在重现"李宁"服装在 20 世纪 90 年代

---

① 本刊编辑部：《新国潮运动》，《齐鲁周刊》2018 年第 24 期。

② 阿杜、张强、刘玉方、赵悦、董潇、郭嘉：《惊艳世界的国潮之光》，《时尚北京》2019 年第 6 期。

引领中国运动时尚的复古潮流风范，不忘初心，致敬经典。"型之悟"以
"街头机能""混搭哲学"和"未来主义"为关键词，实现古与今、中与西、
虚与实、功能与潮流的交汇融合，赋予了该系列产品全新的生命力。

　　从此次亮相来看，效果是惊艳全场的，也是意义深远的。其突出效
果在于彻底转变了中国服装界、国际服装界对中国运动服装乃至中国服装
的老旧、古板的刻板印象，意识到中国风也是时尚元素，中国文化也是创
新源泉，中国青年也是如此"潮"、如此"燃"。在此次亮相过去许多年后
回头看，"李宁"运动服装参加纽约时装周这一事件具有极强的示范意义，
推开了中国本土服装的国际时尚之门，推开了中国国货的创意生产之门，
推开了"国潮之门"。

　　"李宁"服装的创新探索是成功的，在资本市场迅速收到反馈，2019
年年初，港股体育用品板块的明星股就是李宁公司，2月底收盘时的公司
股价相比于2018年的低点涨幅超过50%，并且创下近8年来的新高。从
李宁公司的形象塑造上也可看出其文化追求，不论是产品文宣还是公司
年报，都会突出红底白字的四个大字"中国李宁"。把公司名称与"中国"
紧密地联系在一起，凸显了企业的强烈文化认同与品牌自信。

　　如果说2018年之前全民对国产服装品牌等国货的购买行为已经愈发
普及，但还是自发的、隐性的，那么从2018年开始，最大的变化在于，
愈来愈多的中国服装品牌、日用品品牌敢于主动参与国际同行的竞争，愈
来愈多的国内消费者敢于表达自己对国货品质与设计的确信，而这种主动
性的竞争与公开化的表达在全社会形成强烈共振，其深层意义是对中华文
化创造力的自信感。这股潮流形成后，超越了服装领域，蔓延到护肤品、
化妆品等日用品领域以及家用电器、通信工具乃至汽车等各种制造业产品
中，使得国产品特别是老国货全面焕发新生机。

　　2018年，中国的国货之门迅速打开，其速度之快是惊人的，似乎一
夜之间让使用基于本土文化、本土设计的产品成为一种时尚潮流。"国潮"
的概念迅速蔓延开来，不仅是作为产品特征，也成为活动品牌，更成为

时尚符号。冠以"国潮之夜""国潮论坛""国潮综艺"等的"国潮"主题的活动不断出现。2019 年，清华大学文化创意发展研究院在海南博鳌举行了首届"博鳌国潮文创论坛"，吸引了大量国内行业头部企业和专业人士参与，现场气氛热烈，这一论坛已经成为年度性的活动，每年举行一次。① 国潮大门的打开，体现着中国经济的力量，也标示着中华文化的生命力，其兴起有着重要的经济意义与文化意义。

电影市场是当代文化消费中最具代表性、显示度的领域，也是市场化程度极高、自主性选择极强的领域，因而成为各个国家文化产业、文化产品中的"明珠"。电影也往往成为文化领域的"国家名片"。近些年来，中国电影市场正在成为体现国潮兴起的极具代表性、显示度的领域。早些年中国电影市场主要被好莱坞电影、西方大片占领，但近年来不但中国电影市场规模持续增长，更重要的是，国产电影的份额持续增长。这两个"持续增长"体现了中国电影国潮的形成。

国家电影局 2022 年 1 月发布的数据显示，2021 年我国电影总票房达到 472.58 亿元，其中国产电影票房为 399.27 亿元，占总票房的 84.49%。全年新增银幕 6667 块，银幕总数达到 82248 块。中国电影产业快速复苏发展，全年总票房和银幕总数继续保持全球第一。2021 年全年票房前 10 名影片中有 8 部是国产影片，《长津湖》《我和我的父辈》《1921》《革命者》《守岛人》《中国医生》《峰爆》《你好，李焕英》《悬崖之上》等一大批国产影片市场表现出色。②《长津湖》更是以近 58 亿元的票房成绩，不仅打破了《战狼 2》保持了 4 年之久的票房纪录，还跻身 2021 年全球票房榜第二的位置。截至 2021 年年底，国产电影票房排名前 5 的影片分别是《长津湖》《战狼 2》《你好，李焕英》《哪吒之魔童降世》《流浪地球》。这些热卖国

---

① 在 2019 年博鳌国潮文创论坛上，笔者做了开幕致辞，提出"国潮不仅是国货之潮，也是国力之潮，更是国运之潮"。在 2020 年博鳌国潮文创论坛上，笔者作了《国潮：为何而来与向何而去》的主题演讲。

② 牛梦笛：《全年总票房和银幕总数保持全球第一》，《光明日报》2022 年 1 月 5 日。

产影片中既有传统文化内容又有红色文化内容，既有历史题材作品又有现实题材作品，既有类型片又有动漫片，体现了中国电影界创造力的跃升，也体现了中国电影市场对电影"国货"的强大支持。

根据国家电影局发布的《"十四五"中国电影发展规划》，对未来五年中国电影发展进行布局，将努力实现每年重点推出 10 部左右叫好又叫座的电影精品力作，每年票房过亿元国产影片达到 50 部左右。展望 2035 年，中国将建成电影强国，中国电影实现高质量发展，电影创作生产能力显著增强，彰显中国精神、中国价值、中国力量、中国美学的精品力作不断涌现，以国产影片为主导的电影市场规模全球领先，电影产业体系和公共服务体系更加完善，培养造就一批世界知名的电影艺术家，中国电影在世界电影格局中的话语权和影响力大幅提升。

二、国潮兴起的原因

国潮现象是典型的文创赋能传统产业的现象，老国货因为具有了文化、创意、艺术、设计、传播等元素成为时尚品。国潮的出现是突然的，国潮的流行是迅速的。究其原因，有三个因素成为重要支撑：其一是国货品质的提升，其二是民族文化的自省，其三是青年力量的崛起。

新中国成立以来，中国逐渐形成了自己的较完整的工业体系，大量消费品牌也深入人心，永久自行车、回力运动鞋、大白兔奶糖等，伴随着一代代国人成长，成为集体记忆。改革开放后，随着国际品牌的涌入，中国制造业遇到了更强的竞争者，从性能到设计上都不如国外竞争者，由此带来了本土制造业品牌特别是日用品销量的下滑。然而，中国的发展是迅速而全方位的，在与国际同行的竞争中，中国企业逐渐提升了自己的产品品质，从中国制造到中国设计、中国品牌，中国产品的品质感、品牌感不断提升，逐渐获得了本土消费者更多的认同。老品牌焕发新生命力，让中国的时尚消费形成了一个"否定之否定"的过程，就拿"李宁"品牌来说，作为"国潮"代表产品经历了奇妙的起伏过程，让大众发出"以前没钱、买李宁，现在没钱买、李宁"的有趣感慨。事实上，"'国潮'热标志着产业结构得到了优化，高品质国货赢得了市场，中国制造已经进军全球中高端产业链，'中国速度'正在向'中国质量'转变，中国经济在转型中实现了成功起跳"①。

国货成为时尚潮流，其品质是必要条件，而其文化内涵才是充分条件。国潮意味着"融合"，是传统与现代的融合，文化与商业融合，国潮中的传统文化因素成为强烈的内在情感激发与审美认同。对成为国潮的国货产品来说，传统不仅在于装饰，更是独特的气质、格调、美学、底蕴。"在嘻哈风潮盛行，青年文化蓬勃发展的今天，国潮的概念几乎在瞬间爆发。国潮正在崛起，本土服装品牌正在学会用自己土生土长的文化说话。我们要的不再是模仿和追随，原创力、文化自醒力正在深受重视，衣冠王国的深厚积淀终于得以展现。"②深厚的文化积淀与原创力、文化自醒力提升，让故宫、敦煌等迅速走红，成为中华传统文化的典范代表，也成为各种国潮产品中的重要文化元素，体现了鲜明的中华美学特征。故宫口红推出后迅速流行，成为国潮爆款产品，源于其外包装、颜色、设计等都来自故宫文物，而百雀羚设计的多款美妆品也是从故宫、敦煌吸取了大量文化元素和设计灵感，其产品宣传片更是调动了大量故宫、敦煌的实景元素，增强了中华传统文化的视觉感染力。

国潮兴起的最重要标志是国货销量的提升，而这些国货消费者的主体是青年人。从国潮刚刚兴起的 2019 年来看，在某用户量超 1 亿的电商导购平台上，2019 年 1—7 月，"国潮"关键词搜索量同比增长 392.66%。其中，鞋类、服装和美妆护肤品成为国潮销售量最大的三大产品品类，贡献了超过 85.98% 的销售额。在搜索人群方面，"90 后"和"00 后"已成

---

① 姚林青：《"国潮"热何以形成》，《人民论坛》2019 年第 35 期。
② 邓翔鹏：《国潮崛起》，《服装设计师》2019 年第 4 期。

为拉动国潮消费的主力群体，为国潮贡献了超过 57.73% 的购买力，"95后"则更是以 25.8% 的占比成为国潮第一大消费群体。[①] 可以说，国潮现象背后最值得称赞的是当代中国青年的文化自信的提升，已经能够平视世界的当代中国青年以自己的消费选择来表达鲜明的个性，表达自我的身份认同、文化认同。

笔者在 2019 年博鳌国潮文创论坛上与一位美妆国货企业负责人谈话，笔者说感谢企业生产的高品质产品让中国青年更有文化自信，而企业负责人回答说，因为当代中国青年有天然的文化自信因而企业产品才卖得更好。在 2020 年博鳌国潮文创论坛上，一位"90后"传媒企业负责人在演讲中谈到，在他们这一代人看来，"祖国生而伟大"，因而要谈的不是中华文化复兴而是如何让中华文化更加伟大。

笔者在 2020 年博鳌国潮文创论坛上接受了搜狐网的访谈，谈到发展国潮文创，需要关注两个重要的人群。一个人群是中等收入人群，这个人群现在超过 4 个亿，这是一个很大的量。还有一个人群就是"90后"，有意思的是也超过 4 个亿。这两个 4 亿人群有共同的特点：他们需要高品质的生活、高品质的产品，需要丰富的精神享受。"90后"的人群的特点是天然自信，这是一个很重要的特点，还有一个是充满创意。这两个词加起来的八个字就是：天然自信，充满创意。[②]

国潮的兴起不是个别企业制造出来的，也不是政府有组织设计出来的，而是在产业实践、消费市场中自发产生的，经由多年的积累逐渐形成，被特殊事件"引爆"，成为突出的社会现象，引发了社会共鸣。正所谓偶然中有必然，特殊中有一般，这一现象的出现有其历史必然性，也是符合当代中国发展阶段的。国潮现象是具有普遍性、真实性的经济现象、社会现象，也是具有持续性、深刻性的文化现象、心理现象。推动国潮高

---

① 文宗：《国潮"出圈"》，《新城乡》2019 年第 12 期。

② 《清华大学文创院执行院长胡钰：深度开发国潮文创，要关注"两个 4 亿人群"》，见 https://www.sohu.com/a/432072831_100144811。

质量发展，不能满足于一时之潮与表象之热，而是要形成持久之力来推动中国文化发展，这就需要在实践中积极探索，探索出更具文化内涵、更具时代引领的创新实践，需要对文创理念赋能国潮发展的规律有着更具全面性、自觉性的把握。

第二节　国潮文创的实践探索

一、回力鞋＋清华：在跨界创意中绽放活力

2021年4月是清华大学110周年校庆。为了迎接这一特殊时刻，清华携手回力鞋创造性地发起了"清华大学110周年校庆纪念款回力鞋"设计大赛。回力企业1927年创建于上海，有趣的是，"回力"的商标是由清华大学经济系毕业生薛铭三在1934年创立的，回力球鞋也在当年正式推出，至今历史悠久，深受国人喜爱，承载了几代国人对青春时代的美好回忆，逐渐成为国潮品牌。此次比赛，要求参赛者在设计定制鞋外观及包装设计时应体现清华人"自强不息，厚德载物"的精神风貌，彰显清华人永远保持奋进的姿态。

评选原则是：

1.主题性：以"清华大学110周年校庆"纪念为主题，强调设计的纪念性、情感度。

2.文化性：以清华大学"自强不息，厚德载物"校训为中心内容核心价值取向；以清华大学"行胜于言"校风为精神力量和思想源泉；以清华大学"人文日新"校箴体现清华人的勇于求新、不断求新的精神，秉承清华人实事求是、严谨求实、注重实干的科学精神和与生俱来并不断孕育的爱国奉献精神；以回力品牌百年文化为基础，以

"国潮"为样式特征。

3. 创新性：强调设计在立意、形式、使用等创意创新各方面的原创性表现，有利于引领行业发展和未来设计发展趋势；设计理念独特新颖，创新点突出，具有时代特征。

4. 艺术性：强调设计的表达能力，以艺术设计赋能产品设计，设计中色彩搭配元素使用合理。

5. 工艺性：设计作品可落地转化，具有工艺实施可能性，功能合理、材料运用妥当、工艺品质精良，能满足使用及安全方面的要求，突出工艺的技术特点、使用的舒适性。

6. 环保性：设计作品在理念上要设计有度，绿色设计体现环保理念。

7. 实用性：明确此鞋使用者为清华在校师生、校友等，要求该鞋款既能满足庆祝活动所需，又能满足日常学习生活需要，且适用于不同年龄段以及不同性别人群。

8. 经济性：设计作品须考虑经济造价的可行性、制作的易用性。

9. 完整性：作者提交作品内容符合作品提交要求。

大赛历时一个月时间，共有68支参赛队伍110余名选手报名参加，共收到参赛设计作品80件。选手入学年级从1983级至2019级，跨越26届，还有10个院系及校内机构的选手参与。初评共选出30个作品通过初评，并参加复评路演及人气奖网络票选。终评时，大赛邀请了包括清华大学美术学院院长在内的一大批专家进行专业评审，最终评选出最佳创意创新奖、最佳外观设计奖、最佳技术革新奖、最佳包装设计奖。大赛的入围及获奖作品推出后，引起热烈反响，定制款运动鞋很快被抢购一空，以至于在网上出现高价求购现象，千元一鞋依然难求。企业负责人也表示，这次大赛取得很好成效，希望借此机会进一步深化校企多方面交流与合作，尤其在文创产业方面，共同推动文创成果转化和产学研用紧密结合，共同开发优质产品。

这个大赛把百年名校与百年名企叠加在一起，形成了较强的声誉叠加，同时吸引了大量企业外力量、青年力量来参与国产品牌运动鞋设计，又给企业赋予了新鲜的创意与活力。

活动的效果不断延伸。清华大学 110 周年校庆纪念款回力鞋专题赛成果展（澳门站）暨"一步一脚印　由我来定义"全民国潮创作活动于2021 年 6 月 21 日在澳门文创综合服务中心开幕，展出由清华大学校友、澳门艺术家及设计师所创作的 110 件回力鞋作品。通过展览及系列活动，推动澳门文创与百年国潮品牌的互动发展。展览展期至 7 月 5 日，其间特设澳门全民国潮创作活动，给大众免费创作回力鞋，完成的作品自动参加创作比赛，参赛设计师将有机会成为回力公司的签约设计师。笔者参加了闭幕式，看到了澳门民众设计的回力鞋，其中大量澳门文化元素具有鲜明的中西文化融合特色，活动现场热气腾腾，许多澳门家庭全家参加，澳门青年设计师在介绍自己作品时也表现出了极强的想象力。

这样的活动无疑是高品质的国潮文创活动，体现了高品质的文化追求，调动了广泛的社会力量参与，以非商业性的文化创意活动来赋能企业的国潮产品提升品质与品牌效应，特别是当活动延伸到粤港澳大湾区后，就能推动国潮产品发挥文化纽带的积极作用，也能推动国潮产品更好地走向海外。

二、国漫崛起：展示更中国、更人文、更唯美的创意内容

国潮既要关注物质产品生产，也要关注内容产品生产。后者在当代中国文化传播中发挥着更加直接的作用。从当代文化消费的主力军"Z 世代"来看，其主要的内容消费对象之一是动漫，其基本特征也可以说是"二次元"的一代人。"艾瑞《2020 年动漫产业研究报告》显示，我国'泛二次元'用户规模在 2019 年就已达到 3.9 亿，预计 2021 年将突破 4.2 亿，

这意味着'二次元'已经基本完成对'Z世代'人群的绝大多数覆盖。'Z世代'生于信息去中心化的互联网时代,他们更善于根据兴趣结交同盟、构建圈层。其中,'Z世代'对'二次元'这一圈层有极强的归属感和参与度,并且乐于'为爱买单'。"①

值得庆幸的是,尽管"Z世代"是看着迪士尼、日本动漫长大的,但在找寻文化身份、实现文化自强的进程中,中国的国漫水平日益崛起,成为当代国潮中的新亮点。《哪吒之魔童降世》《姜子牙》《西游记之大圣归来》分别获得超过50亿元、16亿元与接近10亿元的票房成绩,令人鼓舞。更重要的是,这些动漫电影已经超越了"低龄化"的观影人群,覆盖到各个年龄层,也因此具有较大的商业潜力。

最值得高兴的是,在当代国潮发展进程中,一批青年国漫人在崛起,他们希望以自己的创作来作出最好的国产动漫片来。2016年上映的动漫电影《大鱼海棠》取材于中国经典著作《庄子·逍遥游》,广受好评,其导演梁旋是清华大学的一个理工科男生,2005年创立了一家公司,愿望就是能作出心目中最美的、最好的动画电影,尽管历尽挫折,从2005年一直到2013年始终坚持,在为动画电影《大鱼海棠》做准备,包括融资、做样片、写剧本,到2013年才找到这部电影的终期投资。在此前,他们发起了一次众筹,有将近4000位互联网上的网友支持他们上百万元,这也成为动漫电影众筹史上少有的项目。2016年上映后,利润有2亿元,是当年上映的电影收益最多的。在2019年博鳌国潮文创论坛上,梁旋表示,国漫要发展得好,离不开整个市场还有投资人的眼光,还有就是创作者们专注地在动画电影或者自己所专注的艺术领域上坚持,专注地把这个产品做到最好。

《大鱼海棠》电影文创对于现代文创市场来说是一次非常成功的尝试。此电影衍生品共涉及3C产品、玩具手办、服装配饰、文创产品、首饰、

---

① 赵爽:《"国漫"进击》,《中国服饰》2021年第8期。

美妆护肤品、特色美食、家居用品共计 8 个门类、88 个品种，几乎涉及衣食住行各个方面。《大鱼海棠》电影文创在销售领域也有一定创新，除了在天猫设有旗舰店外，还授权罗莱家纺、百雀羚、阿芙、天堂伞等国内一线知名品牌进行开发，再通过淘宝众筹等方式极大地开拓了市场。①

对于中国国漫崛起来说最宝贵的资源是中国的丰厚神话传说，这些浩瀚的远古故事、想象世界为当代动漫创作提供了取之不竭的灵感。这些资源吸引了大量当代青年投身其中挖掘。"新传说"系列片子《白蛇：缘起》于 2019 年上映后，因其动人故事和唯美画风而被誉为"国漫之光"，作为该系列的续作，《白蛇 2：青蛇劫起》则创造了一个全新的修罗城，主创团队从中国传统神话中汲取灵感，设定了修罗城"风、火、水、气"四劫，并以四种神奇生物代表修罗城中的四种劫难：以鸟头鹿身的异兽飞廉、真气化水的异兽玄龟、代表大火之兆的异兽毕方、产生毒气的异兽鳛鳛鱼分别代表风、水、火、气四劫，视觉效果、特技效果等都达到了新的高度。

2021 年 12 月，又一部国漫《雄狮少年》上映，广受好评。这个片子最大的突破在于不是从中国传统神话中找故事内核，而是完全现实主义的类型，以中国传统民间艺术"舞狮"为题材，讲述了广东农村的留守少年阿娟，得到了与他同名少女的鼓励，组建舞狮队，在退役狮王咸鱼强的培训下从零学习舞狮，而后参加舞狮比赛的故事。整个片子里的"中国风"满满，对舞狮的造型、花纹、动作乃至岭南乡村、木棉花等都描绘得非常好看，也很"热血"，少年阿娟历经磨难，从软弱变得强大，成为"雄狮"，正如片中台词"只要鼓点还能在心中响起，我们就是雄狮！"

国漫崛起已成共识，推动国漫崛起已成合力。在新国潮的驱动下，一方面，需要更多的创作者投入国漫作品的创造中；另一方面，也需要更好地理解文创理念，推动基于国漫的文化 IP 开发。从实际中看，后者还

①　唐卫、谢莹：《中国传统文化影视形象走进文创世界》，《中国社会科学报》2021 年 12 月 23 日。

是一个薄弱环节，从已有的一些高票房国漫片来看，还没有能够形成较强的文化 IP，这也制约了国漫的持续发展。

三、传统节日的新创意：找寻节日中的中国

国潮的关注对象不应仅局限在有形的产品中，还体现在无形的非物质文化遗产中。这其中，传统节日的当代过法、玩法成为文创发展要关注的内容。

节日意味着休息，从工作状态中走出来；意味着欢乐，与亲朋好友欢聚一起；更意味着秩序，社会运行的"一张一弛"。这种节日带来的秩序，蕴含着深刻的民族文化基因。记得笔者曾带学生访问过尼泊尔，我们到的当天，恰好赶上尼泊尔的"神牛节"，在加德满都的广场上，人们载歌载舞，热闹非凡，那种欢乐的气氛能够感染在场的所有人，不论你是富有还是贫穷。调研得知，这个国家全国性的节日有 300 多个，政府规定放假的节日就有 50 多个。这么多的节日，给整个国家带来此起彼伏的社会欢乐感，也带来潜移默化的文化归属感。而这么多的节日，每一个后面都有尼泊尔的神灵信仰与历史传说在支撑。在访问中，我逐渐意识到，节日给一个国家带来弹性，带来信仰，带来幸福感，带来民族共同体意识。

今天在中国，也会过很多节日，但是，总觉得缺了什么？为什么呢？过节会休息，会聚会，会购物，会送礼，但似乎很少有人会讨论：为什么过一个节？怎样过一个节？节日似乎仅仅有生理意义、社交意义，还有商业意义，但是，最缺乏的正是中国自己的神话、神灵与神韵。因而，众多的节日可以是热闹的、休闲的，但如果缺少历史积淀与文化味道，则无法充分发挥传递民族文化、凝聚民族情感的作用。中国的节日这么多，每一个背后都有很多的历史积淀，也都蕴含着中国人对世界、对自然、对人生的思考，把这些内涵的东西挖出来，能让中国的节日过得更多样性，也更有文化感。

20 世纪 40 年代，美国女作家项美丽（Emily Hahn）写过一本《中国故事绘本》（*The Picture Story of China*），她在书中就写道："中国人没有我们最重要的节日——圣诞节，除非有的家庭皈依基督教。不过，他们有无比精彩的春节，和我们的圣诞节时一样，他们也会收到礼物，这些礼物一般都很漂亮。"①这短短的一段话，说明了不同节日的文化意味，也具体对比了中西最重要的节日。不同的节日，表面是相同的热闹，但深层是不同的信仰。因而，找到中国节日的文化基因并进行创意释放，能让中国节日拥有更大的人文能量。

正是为了让中国人最重要的节日——春节"无比精彩"，清华大学文化创意发展研究院策划了牛年春节的创意活动，在极具中国陶瓷与茶叶文化底蕴的景德镇浮梁县，组织"浮梁红，守千年"百村过大年活动，希望探索过一个"很中国、很田园、很人文"的春节。同时，也在与腾讯合作，开展数字 IP 创新传统节日体验的研究，策划"大吉大利中国年"活动，希望通过云庙会、长城数字秀等活动，过一个"很中国、很科技、很人文"的春节。

春节之后就是又一个很重要的中国节日——元宵节。有学者研究，早在隋文帝时代，也就是 1400 多年前，在京城与各州就有了元宵夜进行庆祝活动的习俗。元宵节又被称为"灯节"，在这个节日里，大家是要一起看灯的，元宵观灯是民众过节的集体行为。唐玄宗时代，规定元宵节看灯从正月十四到十六，连续三天，即"三夜灯"。到了宋太祖时代，追加正月十七、十八两天，连续五天，即"五夜灯"。到了明代永乐年间，还一度延长到了"十夜灯"。在元宵节，除了看灯，还要猜灯谜。在《红楼梦》里，元妃回大观园省亲的日子就是元宵节，书中详细描写了园中五彩斑斓的灯饰，而元妃回宫后，还专门制作了灯谜送到园中让大家来猜。事实上，《红楼梦》里记叙了大量过各种各样节日的内容，堪称"中

---

① [美]项美丽：《中国故事绘本》，李辉译，新星出版社 2014 年版，第 33 页。

国节日民俗大全"，现在读来，趣味十足、文化味十足。

中国的节日里蕴含了太多的中国历史、中国智慧、中国快乐，从春节到元宵节，从中秋节到重阳节，从四季更替到二十四节气，是重要的文化 IP 富矿，值得去细细体味，值得去认真挖掘。在生活节奏日益加快的当代社会，在全球化日益深化的当代中国，我们可以从中国节日里找到纾解焦虑的方子，找到身份认同的引子，找到联络世界的路子。当代新国潮，当代新节日，如此，国潮的发展会有了更丰富的文化内涵与社会力量。

为此，2020 年起，由清华大学文化创意发展研究院与中国外文局海豚出版社共同举办中国节日创意大赛，目的就是弘扬节日文化，挖掘优秀青年文创人才，为中国文创事业添砖加瓦。以节日节气为支点，加深大众对传统文化的认知，撬动国人对中国历史、中国智慧、中国快乐的关注和热爱。中国人能从传统节日里，找到安顿身心的日用之道，更能强化中国人的身份认同感。

大赛的竞赛单元包括春节、元宵、清明、端午、七夕、中秋、重阳七大传统节日以及二十四节气，这些节日节气根植于中国的农耕文化，是反映中国人千百年来生产生活面貌的重要切面。开设文学和艺术双重赛道，激发大众节日情感，鼓励创意人以多种多样的形式参赛，发挥天马行空想象力与创造力，为节日文化注入新活力。

大赛选在 2020 年冬至日启动，2021 年冬至日颁奖。大赛累计吸引了 200 余所高校和社会组织参与创作，收到万余幅艺术设计作品和超过三百万字的文学作品。经过专业评审团多轮公开、公正的评审，最终评选出"中国节日新故事"和"中国节日新形象"两大赛道共计 100 位创作者的作品，大赛分别产生文学赛道和艺术赛道的"评委会大奖"各 3 名、"最佳创意奖"各 7 名、"节日百强奖"各 40 名。此外，为鼓励积极组织和参与大赛的高校、社会团体及少年儿童，大赛组委会分别评选出"优秀组织奖"10 名、"新形象儿童组奖"10 名。从获奖作品看，传统节日文化意蕴与当代青年创意结合起来，会产生许多让人眼前一亮的作品。比如一副视频作品《七夕字体动态设计》，很简洁，但将七夕的传统元素穿针、喜鹊、流星和星宿等结合在其中，组成有变化有寓意的动态字体，这样的小视频元素可以成为许多当代数字创意作品的构成元素。

值得一提的是，本次大赛的文学赛道区别于传统的文学比赛。本次大赛的文学赛道命题，是源于神话的宇宙观创作，不过度强调文笔的优美和词藻的堆砌。比赛中要求作者深挖东方神话原型，与现实生活相结合，再赋能中国人的日常工作和生活。笔者担任了此次文学赛道评审组的组长，在比赛中看到了许多优秀的作品，对中国传统节日节气挖掘之深，想象力之奇，令人高兴。文学赛道"评委会大奖"金奖获得者是一位"90后"女生，其故事《节气七局》，超过5万字，涵盖了七大传统节日以及二十四节气，体现了阴阳调和思想、五行相克思想、儒家教化思想，提出了"以人镇物"的理念。在颁奖现场，该获奖者表示，中国传统文化是一座宝山，千年文化积淀中可挖掘的亮点如恒河沙数，希望与各位优秀的文艺创作者一起，为讲好中国节日节气故事共同努力。

四、新国风轻奢产品：打造新生活方式与高质量发展的新标杆

2022年1月，瑞丽轻奢思享会在北京举行，为海宁杯·2021瑞丽轻奢品牌大赛画上句号。来自中国钟表协会、中国日用品协会、中国制笔协会、新华社及诸多文创机构等单位的负责人参加。笔者代表活动评审专家谈了对此次活动和轻奢理念的认识。

提出并打造轻奢品牌，是打造新生活方式的积极探索，推动人民生活品质不断提高，也是推动经济高质量发展的积极探索，提升中国制造业产品的品质与品牌。中国经济发展由大到强、由速度到质量、由中低端到中高端，就要积极打造以创意、科技、绿色为导向的新产品和新品牌。要

让这一活动持续健康发展，就要进行积极正向的生产方式引导、生活方式引导与消费方式引导，重要的是把握"轻奢"的内涵。理解"轻"，轻在价格，过高的价格只是"重奢"，轻奢品不能追求价格的昂贵乃至奢侈；轻在低碳，要以绿色理念来考量材料选择和生产过程，不能追求费材料与费能源，更不能忽略负外部性。理解"奢"，奢在品质，轻奢品要有一流的品质，特别是普通日用品的品质一定要稳定可靠；奢在创意，轻奢品要发挥创意力量，结合实用性、功能性、时尚性来设计产品。此次参赛作品中的一些产品，比如可减压的杯子、可称重的旅行箱、可太阳能充电的双肩包就很受好评；奢在文化，轻奢品要体现东方美学的意蕴，简约的而不是繁复的，意境的而不是直白的，内敛的而不是张扬的。把握好"轻奢理念"的内涵与要义，就能推动轻奢品牌成为国潮文创发展中的重要推动力。

这次活动的主题是"美好生活，悠享轻奢新国风"，立足引导中国品牌建设与升级，推出真正具有潮流感、设计感的新国风轻奢产品，满足人们对美好生活的需求，助力中国品牌的发展。海宁市人民政府是本届瑞丽轻奢品牌大赛全国赛的冠名支持单位，因为海宁享有"时尚潮城"美誉，立足优质名企集聚、时尚名品荟萃，正全力打造国际化时尚新标杆。中国轻工珠宝首饰中心、中国钟表协会、中国日用玻璃协会、中国制笔协会、中国礼仪休闲用品工业协会、中国日用杂品工业协会、中国对外艺术展览有限公司等一批行业协会参与，体现了对提升行业产品品质与品牌的追求。

本届赛事共收到符合轻奢基本评选标准的产品近千件，品类涉及自行车、配饰、瓷器、钟表、箱包、金笔、香薰、家纺、服装、面料等。在评选中，主要从产品的时尚创意性、工艺精致性、功能实用性、绿色环保性等多个维度进行了评分。从评选最终的结果看，有杭州天堂伞业集团的天堂礼赠伞产品、上海英雄金笔厂有限公司的高端英雄金笔产品，这些产品体现了老国货品牌和日用品的高端化发展；也有仿古画重磅真丝香云纱面料、电竞恐龙趣味变色面料等新材料，体现了国货产品在材料方面的创新发展；还有东方之美花鸟桃源书签礼盒、风吟笔架等文具产品，体现了浓郁的东方美学。总的来看，中国的国货产品正在向更加具有品质、创意、文化的方向迈进。

在笔者看来，轻奢品牌打造是国潮文创发展中有意义的探索，为中国产品发展提出了一个新的理念与路径。国潮文创的发展需要从更多维度的视角来推进，更多社会力量的介入，形成合力推动中国产品与品牌成为时尚品、国际品，成为中国文化的传播载体，成为文化强国建设的活跃力量。

第三节　国潮文创的高质量发展

国潮现象是文创赋能传统产业的典型现象，愈发成为传承弘扬中华优秀传统文化的方式，愈发引起重视，也愈发得到认可。在当前举办的各种文博会中，都能看到国潮的现象。2021年9月，第十七届中国（深圳）国际文化产业博览交易会在深圳举行，国潮再次成为热点，也引发媒体关注。

新华社作了题为《文博会"新国潮"：创新传承优秀传统文化》的报道，介绍了在此次文博会上，各种融合传统文化与现代科技、时尚特色的"新国潮"产品登场。这种创新传承中华优秀传统文化的尝试颇受关注。河南博物院带来一款"考古盲盒"，考古爱好者打开盲盒，取出包裹"宝物"的土块，小心翼翼地"挖掘"，体验"出土"瞬间的惊喜。在文化和旅游部展区，国宝级名画《千里江山图》的动态数字长卷在人们眼前缓缓流动，感觉如临其境；在8K超高清显示技术下，明代画家仇英名作《汉宫春晓图》《桃花源图》得以超高清还原，让人惊叹于画作细微的笔触、栩栩如生的人物神态。

在本届文博会上，一大批运用动漫游戏、网络视频、数字艺术、创意设计等对优秀传统文化进行创造性转化、创新性发展的知名企业和品牌项目集中亮相，展示具有鲜明中国文化特色的原创 IP 及其开发转化成果。

专家认为，未来"新国潮"产品要想获得持久生命力，需要在对传统文化认知、理解的基础上，进行提炼萃取，与实用性相结合，同时要融入世界文化元素。①

国潮文创的持续高质量发展要按照文创理念的规律来推动。在 2020 年的博鳌国潮文创论坛上，笔者作了主题演讲，提出了推动国潮持续高质量发展的重要原则，即需要更活跃的创意、更深厚的传统、更广阔的视野、更前沿的技术、更稳定的品质、更积极的传播。

要有更活跃的创意。重要的是提升国潮产品的"青春度"，换言之，要让国货特别是老国货有时代感、酷的感觉。在当代文化、当代消费中，青年文化、青年消费越来越具有引领性，进入了一个后喻文化的时代，所谓时代感正是青春感，不能以老面孔故步自封地面对社会。而要保持活跃的创意，提升国潮的"青春度"，最简单最直接的方法就是最大限度地调动青年人参与到国潮发展中，以年轻人作为提升国潮创意度的不竭动力。从实际中看，不论是清华校庆纪念款的回力鞋设计，还是现象级的国漫作品，都是年轻人担纲重任，因此，要下气力给年轻人创造在国潮发展中的重要舞台。

要有更深厚的传统。完整理解传统是从传统中汲取国潮发展资源的前提，不能把国潮等同于某个具体的朝代。当代流行"汉服热"，不能因此把国潮等同于汉朝之潮，同样，当代流行"清宫剧"，不能因此把国潮等同于清朝之潮。从传统服装上看，唐装、旗袍、中山装等都是中华民族

---

① 《文博会"新国潮"：创新传承优秀传统文化》，新华社，2021 年 9 月 27 日。

服装；从传统题材看，从先秦到清朝都是中华民族的历史朝代构成，都有各自丰富的文化艺术。事实上，从传统中汲取国潮发展资源，最核心的是把握中华优秀传统文化的思想观念、人文精神与道德规范，体现在产品设计中，就是要把中华美学精神和当代审美追求结合起来，激活中华文化生命力。

要有更广阔的视野。推动国潮发展不是文化复古主义，也不是经济关门主义，而是更具独立性地做好自己的产品、产业并参与到全球竞争与合作中，为此，在国潮产品设计中，一定要汲取世界各国不同文化给养，广纳百川，自成一体。从历史上看，中华传统文化是具有包容性和吸纳能力的，从当代国潮发展上看，也要最大限度地开展跨文化交流与合作，以更广阔的国际视野提升国潮发展的国际气质。

要有更前沿的技术。文创理念的重要视角之一是科技视角，这是与当代社会的高度技术化特征一致的。在国潮发展中也是如此，要将新技术、新媒介充分引入国潮产品设计中，保持对新技术、新媒介的敏感性，不仅把新技术、新媒介作为载体或补充性因素，更是作为内容灵感、产品创新的重要源泉。在数字时代、智能时代扑面而来的当代社会，可以不做技术创新的引领者，但不能做技术应用的边缘者。

要有更稳定的品质。国潮兴起后，在全社会迅速获得认同，但值得警惕的是，少数厂家蹭热度贴国潮标签而忽视产品品质，这种做法短期内消费了大众的情感与热情，让企业占了便宜，但长时间内无法获得市场认同。正如前文提及，国潮兴起的首要原因就是国货品质的提升，离开了这个前提，再有文化自觉也无法兴起国货销售热潮，而且还会打击文化自信的树立。特别是当代社会越来越体现透明化的特征，国潮产品的品质直接决定了国潮的生命力，因此，始终保持对高品质的追求，是国潮高质量发展的最基础条件。

要有更积极的传播。国潮现象出现的标志性事件是"李宁"运动服装亮相国际时装周，这实质上是一次有效的企业传播活动。对国潮现象来说，更大力度的传播必不可少，在当代信息化社会里，形象是各项事业发展的重要驱动力，在一定意义上看，颜值即正义，传播即力量，因此对国潮企业来说，必须学会"边做边说、会做会说"，其实，"说"就是"潮"的体现，也是"潮"的要求。只有在强大传播力的加持下，国潮形象才能得到有效树立，国潮才能获得社会广泛而持续的支持。

国潮文创的高质量发展需要更活跃的创意、更深厚的传统、更广阔的视野、更前沿的技术、更稳定的品质、更积极的传播，体现在实践中，就是要抓住一切机会特别是国际重要会议、体育赛事、国际交往活动等，展示中华文化精神与魅力。在北京冬奥会组织中，进行了有益的中医药文化国潮展示与传播，成为一次积极的尝试。

中医药展示区项目受北京市中医管理局委托，由北京中医药大学承办。展示区以中医药文化元素为核心，融合现代科技与国潮艺术，着力打造沉浸式多功能展厅。在内容设计上紧扣"阴阳五行学说"核心理念，沿春生、夏长、秋收、冬藏的生命轨迹，运用8K、5G等高科技手段，融合国风创意打造沉浸式体验，巧设"秒懂中医""经络探秘""四季变幻""云游北京""功夫打卡"等场景，实现"以时间换空间"的创想。独特的动线设计"于细节处见用心"，蕴含"天人合一"的深邃内核。

中医药初体验的人机交互"八卦多面屏"；蕴藏中医药百年之约、百草之奇、百方之迹的"望而知之屏"；贯穿千年历史，放眼中外的"中医药高光时刻"；震撼性的"经络可视化滑轨屏"；360°沉浸式的"天人合一体验屏"和"10秒快问快答"互动中医药文化国潮区……展示区以中医五行划分体验区域，布设以"10秒"中医药体验为核心形式。以此展示将中医药与冬奥—科技—文化主线紧密结合，充分调动中医药各领域专家参与设计，以高科技手段和创新理念作为中医药深厚文化底蕴的载体，打造了中华优秀传统文化传播的新范式。①

这一中医药文化国潮展示具有积极的传播姿态与综合的创新理念，抓住了国际运动员云集北京的难得机会，以创意、科技、品质等来展示传统，互动性、融入性强，成为国潮文创高质量发展的鲜活体现。

---

① 崔兴毅：《北京冬奥村有了中医药展示区》，《光明时报》2021 年 12 月 27 日。

第四章　乡村文创

　　乡村是中华文化中的永恒烙印。不论是数千年农业文明的滋养，还是数亿农村人口的存在，更重要的是，民族文化中的乡村基因，不论承认或不承认，就在当代中国发挥着作用，虽若隐若现，时起时伏，但历久弥新，这些都共同表达着中国乡村的文化性与中华文化的乡村性。当中国的乡村发展进入了从"脱贫"到"振兴"的新阶段后，关注乡村的力量越来越多，创新的实践也越来越多，从文化视角观察与推动乡村振兴，可以找到新的动力。乡村对中国有着重大意义，文化对乡村有着重大意义，可以说，无乡村、不中国，无文化、不振兴。以文创理念看待乡村，会发现乡村是当代文创发展的沃土，文创是当代乡村发展的引擎，"田园"与"国潮"一样成为当代文化追求中的热点，从某种意义上看，也是另一种形式的"国潮"。乡村文创是为了推动乡村文化振兴，也是为了推动乡村振兴中的精神共同富裕。对乡村振兴来说，仅有物质富裕是不够的，还要把乡村精神富裕作为重要着力点，让文化创意推动乡村精神财富积累，形成中国乡村发展的新面貌与新动力。

第一节 乡创理念

一、乡村发展的优势

在脱贫攻坚的任务完成后，当代中国许多乡村中有两个问题非常突出：一个是"空心化"的社会结构，乡村中的青壮劳力都到城市中打工，尽管乡村中房屋整齐明朗，自然环境宜人，但却缺乏人才储备、文化建设、社会活力；另一个是"输血型"的经济模式，尽管村庄不再挨饿，乡村的内生发展动力和机制有待建立，乡村产业体系与能力没有形成。

2021年中央一号文件指出："民族要复兴，乡村必振兴。全面建设社会主义现代化国家，实现中华民族伟大复兴，最艰巨最繁重的任务依然在农村，最广泛最深厚的基础依然在农村。"① 事实上，乡村不仅是作为"问题"存在，也是作为"方法"存在。仅仅看到乡村的问题性而不关注乡村的方法论，会扭曲乡村发展中的立场，约束乡村发展中的力量。

乡村要振兴要发展，要看到问题，更要找到乡村自身的有利条件。乡村固有的资源或优势中，有两个优势非常明显：一个是生态优势，另一个是文化优势。生态与文化，这两者在乡村有着天然的、历史的存在，又因为乡村发展缓慢而得以保留，时至今日，愈发珍贵。

乡村天然地与自然山水、草木林湖结合在一起，这是乡村与生俱来的依托。有的乡村是清雅的，"采菊东篱下，悠然见南山。山气日夕佳，飞鸟相与还。"有的乡村是豪放的，"天似穹庐，笼盖四野。天苍苍，野茫茫。风吹草低见牛羊。"这些乡村的自然之美自古以来就能激发诗人本真之气，留下了许多描绘乡村的诗作。在当代，乡村的自然生态日益成为乡

---

① 《中共中央国务院关于全面推进乡村振兴加快农业农村现代化的意见》，《人民日报》2021年2月22日。

村极具吸引力的发展要素，满眼绿水青山的田园气息可以吸引各方人士沉浸其中乐而忘返，尤其是饱受城市病折磨的现代都市人。

文化成为乡村发展的另一个极具生命力但却被忽视的要素。乡村的文化意义与文化的乡村意义都值得被重新认识。对于"西方文化发生在都市，中国文化植根在农村"的论断，钱穆认为"此语亦有理"。① 在笔者看来，尤其是"植根"二字值得细品。中华传统文化的源起就是农耕活动，中华民族的文化特质也是源于农耕气质，虽在西方文化冲击下，在市场大潮冲击下，中国乡村落后了，但乡村对中国传统文化的保留却是深隐而实在的。费孝通在《乡土中国》一书中提出，"从基层上看，中国社会是乡土性的"。认为那些"土气土脑的乡下人才是中国社会的基层"。② 正是这些基层的存在，以一种默默的方式保留了中华传统文化的根脉。

笔者在调研中发现，各地的许多村庄里，包括笔者的老家乡村，大量家族宗祠依然存在，当宗祠破落了大家会集资修建，当村落里有活动时也多会在这些宗祠里举行，换言之，这些宗祠依然是乡村社会活动的聚集点，中国传统宗祠文化就深深地扎根在乡村中。在传承弘扬中华优秀传统文化、赋能乡村振兴的进程中，用好宗族传统，用好乡贤文化，慎终追远，团结友爱，诚信协助，可以有效助推文明乡风建设。同样，在每年的春节期间，当城市越来越没有"年味"的时候，当各个大城市以最严厉的手段禁止燃放鞭炮烟花时，孩子们对中国春节的以鞭炮驱逐怪物"年"兽的传统意味只能停留在绘本中时，乡村的各种传统民俗活动，不仅是燃花炮，还有踩高跷、舞龙舞狮等，成为国人向往的理想春节状态，这些中国传统节庆文化就深深地扎根在乡村中。

费孝通说，"在我们社会的激速变迁中，从乡土社会进入现代的过程中，我们在乡土社会中所养成的生活方式处处产生了流弊。陌生人

---

① 钱穆：《中国历史研究法》，九州出版社 2012 年版，第 117 页。

② 费孝通：《乡土中国》，人民出版社 2020 年版，第 1 页。

所组成的现代社会是无法用乡土社会的风俗来应付的。于是'土气'成了骂人的词汇,'乡'也不再是衣锦荣归的去处了"①。但正因为乡土社会的变迁之慢,没有紧跟城市文化、现代社会的变迁,成为传统文化延续的重要依托。更重要的是,时过境迁,当跑得过快的现代社会回过头来找寻传统与认同时,"乡"的内涵发生了重大变化,成为田园的想象、归宿的选择乃至成功的标志,连带"土味情话"也有了朴实、有趣的意蕴。

中国乡村作为中国文化载体的功能需要被重新认识。中国乡村的历史文化积淀虽被深埋但却存在,虽无繁茂花果但却有根有苗,不像城市里的很多文化虽有花艳果盛但却无根,特别是无中华文化之根。与此同时,在文化产业成为新经济增长点的时代,在文化赋能各个产业推动经济高质量发展的时代,乡村无疑提供了值得挖掘与转化的丰厚文化土壤。比如在景德镇浮梁县的乡村,可以看到千年的御窑瓷,可以看到白居易诗中的茶,还可以看到科举传统中的状元进士,如此种种,都成为极具生命力的乡村发展要素,而在其内生的文化要素被激活后,就会让乡村焕发出新的魅力与生机。

二、文化产业赋能乡村振兴

2022 年 2 月,《中共中央 国务院关于做好 2022 年全面推进乡村振兴重点工作的意见》即 2022 年中央一号文件发布。文件中提出,"启动实施文化产业赋能乡村振兴计划"。可以说,在中央一号文件中明确提出这一计划,表明了文化产业对乡村振兴的重要作用得到了高度认可。

为了落实 2022 年中央一号文件中的这一要求,2022 年 4 月,文化和旅游部、教育部、自然资源部、农业农村部、国家乡村振兴局、国家开发

---

① 费孝通:《乡土中国》,人民出版社 2020 年版,第 8 页。

银行联合发布了《关于推动文化产业赋能乡村振兴的意见》(以下简称《意见》)。根据这一《意见》的指导思想，以文化产业赋能乡村人文资源和自然资源保护利用，促进一二三产业融合发展，贯通产加销、融合农文旅，传承发展农耕文明，激发优秀传统乡土文化活力，助力实现乡村产业兴旺、生态宜居、乡风文明、治理有效、生活富裕，为全面推进乡村振兴、加快农业农村现代化作出积极贡献。

根据这一《意见》的要求，在推动文化产业赋能乡村振兴的进程中，要坚持"文化引领、产业带动"的原则，以社会主义核心价值观为引领，统筹优秀传统乡土文化保护传承和创新发展，充分发挥文化赋能作用，推动文化产业人才、资金、项目、消费下乡，促进创意、设计、音乐、美术、动漫、科技等融入乡村经济社会发展，挖掘提升乡村人文价值，增强乡村审美韵味，丰富农民精神文化生活，推动人的全面发展，焕发乡村文明新气象，培育乡村发展新动能。与此同时，要坚持"农民主体、多方参与""政府引导、市场运作""科学规划、特色发展"等原则。

根据这一《意见》的要求，推动文化产业赋能乡村振兴的发展目标是：到2025年，文化产业赋能乡村振兴的有效机制基本建立，汇聚和培育一批积极参与文化产业赋能乡村振兴的企业、机构和人才，推动实施一批具有较强带动作用的文化产业赋能乡村振兴重点项目，形成一批具有市场竞争力的特色文化产业品牌，建成一批特色鲜明、优势突出的文化产业特色乡镇、特色村落，推出若干具有国际影响力的文化产业赋能乡村振兴典型范例。优秀传统乡土文化得到有效激活，乡村文化业态丰富发展，乡村人文资源和自然资源得到有效保护和利用，乡村一二三产业有机融合，文化产业对乡村经济社会发展的综合带动作用更加显著，对乡村文化振兴的支撑作用更加突出。

笔者参与了这一《意见》制定过程中的文化和旅游部咨询研究项目与政策解读工作，深刻地体会到，从国家层面对文化产业赋能乡村振兴任务的明确，体现了基于乡村自然资源与人文资源形成的生态优势与文化优势日益凸显，形成共识，成为乡村振兴中要着力激活的内生资源。这对于推动乡创理念与实践的深化，提供了清晰的方向与强大的动力。

三、乡村文化的传播

乡村是中国文化的重要载体，乡村文化是中华文化的重要组成，对乡村文化的传承与传播是当代中国文化传播的重要内容，也是重要创新点。改革开放以来，城市快速发展，文化传播特别是对外文化传播的聚焦点在城市，乡村文化在一定程度上被忽视，但事实上，经过 40 多年的市场经济与西方文化洗礼，城市中保留的传统文化、民族文化受到很大冲击，相反，乡村最大限度地保留了传统习俗、民族习性，可以最充分地、最原生态地展示中华文化的历史传承与魅力。

2017 年 12 月，习近平总书记在中央农村工作会议上对乡村文化与中华文明的关系作了深刻论述，"中华文明根植于农耕文明。从中国特色的农事节气，到大道自然、天人合一的生态伦理；从各具特色的宅院村落，到巧夺天工的农业景观；从乡土气息的节庆活动，到丰富多彩的民间艺术；从耕读传家、父慈子孝的祖传家训，到邻里守望、诚信重礼的乡风民俗，等等，都是中华文化的鲜明标签，都承载着华夏文明生生不息的基因密码，彰显着中华民族的思想智慧和精神追求"①。《中华人民共和国乡村振兴促进法》明确提出，"坚持以社会主义核心价值观为引领，大力弘扬民族精神和时代精神，加强乡村优秀传统文化保护和公共文化服务体系建设，繁荣发展乡村文化"。②

近些年来，乡村文化的文化意义与传播意义愈发得到认识，中国的文化软实力要从中国的乡村中来发现。乡村传播学者赵月枝认为，"我们

---

① 中共中央党史和文献研究院编：《十九大以来重要文献选编》上，中央文献出版社 2019 年版，第 151 页。
② 《中华人民共和国乡村振兴促进法》，人民出版社 2021 年版，第 5 页。

谈文化软实力，往往从国家实力和国家力量的层面定义，但从文化是有机的、日常生活的一部分的角度，正如我重阳节后在缙云壶镇看完那里的赤岩山'迎案'庙会后，忍不住发的朋友圈所感叹的那样，真正的文化软实力在乡土中国！"①

在当代向世界传播中华文化，乡村文化是值得关注的鲜活对象，要在积极传播乡村文化中形成乡村新形象，打造乡村新优势，探索乡村发展新路子。

一是传播中国乡村的历史底蕴。大量的中国乡村有着数百年、上千年的建村历史，一代代人在一块土地上生存，形成了各自独特的村落历史，不论是历史上村中的人物还是村中积淀的习俗，都极其真实地展现了中华文化，尤其是许多乡土节庆、民间非遗艺术等，极具传播力。

二是传播中国乡村的田园美丽。山水之美、茶园之美、生态之美是乡村对外传播中独特的内容，美好的自然景色具有跨国界、跨种族的吸引力。事实上，在当代具有国际传播力的许多爆款视频作品中，乡村题材具有极大吸引力。

三是传播中国乡村的文化价值观。中华文化价值观起源于乡村，根植于乡村，也留存于乡村，讲求忠孝、崇尚诚信、追求和谐、注重内省的民族文化基因都可以在乡村中找到，并成为生活方式，在一个个鲜活的普通人身上保留下来，这些都是对外文化传播的生动素材，其个体性、生活性、真实性具有极强感染力。

四、乡创理念的内涵

在当代乡村振兴中，要找到新要素把当代乡村中的生态优势与文化优势激活，靠什么呢？越来越多的乡村建设实践注意到了文化、创意、艺

---

① 赵月枝：《中国新闻传播学访谈录》，河南大学出版社 2021 年版，第 341 页。

术等要素，对"乡创"也有了很多种理解，比如"返乡创业"①"乡村创新创意"②"乡村创客"③ 等，它是由建筑师、艺术家、文创从业者等群体发起的概念。与此同时，围绕乡村的生态和文化资源开发，有学者提出了"生态社会主义"的理念，即"凡是文化的、共同遗产性的东西，凡是生态的东西，要开发，就一定要走出一条公共的、惠及全民的、参与性的、民主化的道路来，否则，就不可能成功"④。

2020 年起，清华大学文化创意发展研究院与江西省景德镇市浮梁县开展深度合作推进乡创实践探索，设计、发起并探索实施"乡创特派员"制度，希望通过高校与乡村的结合，通过文化创意领域高层次人才的导入，通过县域内的制度创新，为当代乡村振兴找到一条新路径。由此，逐渐形成了乡创理念：以文化创意为引擎，带动各种现代发展要素进入乡村，激活乡村生态、文化、社会与产业资源，推动乡村实现整体性的创新发展。因此，乡创就不只是一个关于文化或产业的概念，而是一个关于乡村综合发展的概念。

理解乡创理念，要坚持几个原则。其一，带动性原则。文化创意是乡村振兴的带动要素，不是唯一要素，很多时候甚至也不是最重要的要素，但却是关键要素，是乡村振兴的新支点、新动力。文化创意追求的不是薄利多销的流量逻辑，而是文创赋能，提升乡村原有产业的文化附加值；也不是工业化、标准化的生产逻辑，而是智力密集型的创意升级，通过智力引入带动乡村内外发展要素。

在调研中，讨论最多的问题是"绿水青山如何变成金山银山"，这就

---

① 夏鲁青：《返乡 下乡 归乡 打造"齐鲁乡创模式"》，《山东人力资源与社会保障》2018 年第 5 期。

② 刘传喜：《新时代背景下乡创运动与新型乡村人才培育的创新机制研究》，《成人教育》2019 年第 12 期。

③ 陈静等：《艺术介入型乡创活动对我国乡村旅游发展路径的启示》，《南方农业》2017 年第 16 期。

④ 赵月枝：《中国新闻传播学访谈录》，河南大学出版社 2021 年版，第 322 页。

需要一个关键性的具有带动性的中间变量。这样的变量有许多，而在当代最具活跃度、带动性的一个变量就是文化创意。以文化创意激活乡村沉睡的资源、闲置的资产，进行创造性改造，实现产业转化和价值提升。很多时候，文化创意既是导火索，也是搅拌器。

其二，融入性原则。乡创实践过程不是对乡村生态与生活的技术统治、资本统治，更不能把乡村作为城市精英的"后花园"，而是以文化、创意乃至情感焕发乡村生态与生活的魅力。在乡创实践中，乡村文脉挖掘很重要。找到乡村的旧文脉，就能形成乡村的新人脉。比如说，在浮梁县的沧溪村可以看到朱熹之友、理学家朱宏的活动，当年朱熹称赞朱宏"高识笃行，鲜与伦比"，那么，喜欢理学的当代人士就会来这个村子研究。同样，在浮梁县的严台村可以看到东汉光武帝刘秀之友严子陵，那么，喜欢隐士文化的人就会到此地探访。融入性原则强调的是发挥乡村自身在全面振兴中的主体作用，从乡村内生资源来找寻外部资源。

梁漱溟在反思乡建经验与教训时，提到开展"乡村运动而乡村不动"[①]。近来也有学者提到乡村建设过程中出现了农民"有参与无合作"的现象[②]。乡创实践一方面要求外来人才的深度融入，不是"候鸟式"而是"沉浸式"地为乡村发展贡献自己的智慧与创意；另一方面要求以农民为主体，基于农村的资源禀赋进行共同的文化赋能、创意升级。这就要求城乡多主体的深度合作，乡创经济与集体经济的有机合作，如此才能实现乡村资源的整合与升值。

其三，整体性原则。乡创发展目标不是"去乡村"，而是"新乡村"，中国现在不是乡村太多了，而是没有充分发挥出乡村的潜力。乡创就是要以全新的观念、全社会的力量、全身心的投入推动乡村的全面振兴，推动乡村在国家发展全局中发挥应有的作用与魅力。

---

① 梁漱溟：《乡村建设理论》，上海人民出版社 2006 年版，第 368 页。
② 何得桂、徐榕：《政策变现的乡土逻辑：基于"有参与无合作"现象的分析及超越》，《中国农村观察》2020 年第 5 期。

文创产业的发展逻辑不同于传统追求 GDP 的粗放型增长方式，要更契合新时代高质量发展的路径与要求。这既是中央对文化产业发展的要求①，也是文创发展自身规律的内在要求，比如文化产业管理体系的高质量、产业创新体系的高质量、产品和服务内容的高质量，文化产业和文化事业的齐头并进等。② 在乡村振兴的时代背景下，通过文创的高质量发展在乡村展开，最终可以推动实现乡村经济社会的整体性现代化发展。

现代化的乡村必须有整体性、有机性、多样性的社会样态。在乡村，不只是看到建筑，更要看到人；不只是看到风景，更要看到劳动；不只是看到展演，更要看到生活；不只是看到产业，更要看到治理。让美学在乡村落地，既要防止千乡一面、万村一面，又要防止无文脉、无生态、无生活的人工美化。有生态的乡村是美丽乡村，有文化的乡村是美学乡村，美丽乡村加美学乡村才成为美好乡村。

通过乡创发展，推动当代中国乡村的发展目标应该是"更中国、更田园、更人文"，"更中国"是从国际维度看乡村发展，"更田园"是从自然维度看乡村发展，"更人文"是从文化维度看乡村发展。在此进程中，乡村要将"田园"与"文化"作为全面振兴的两个主要着力点，努力打造乡村成为当代社会中的田园生活理想地、田园人才培养地、田园艺术创作地、田园产业承载地。深入推进"更中国、更田园、更人文"的新乡村建设，特别是聚焦在"耕读教育"上，可以培养出更多有泥土味、有中国味的新青年，让乡村成为新的人才沃土。

---

① 习近平总书记在 2018 年 8 月 21—22 日召开的全国宣传思想工作会议中强调，"要推动文化产业高质量发展，健全现代文化产业体系和市场体系，推动各类文化市场主体发展壮大，培育新型文化业态和文化消费模式，以高质量文化供给增强人们的文化获得感、幸福感"。来源：《习近平出席全国宣传思想工作会议并发表讲话》，新华网，2018 年 8 月 23 日。

② 李培峰：《新时代文化产业高质量发展：内涵、动力、效用和路径研究》，《重庆社会科学》2019 年第 12 期。

第二节 乡创特派员

一、乡创特派员制度的提出

文化创意进入乡村，不是今天才有的，事实上，因为乡村具有的生态与文化优势，近年来，有许多城市文化创意人士进入乡村，不论是个人长期居住还是创办乡村民宿、乡村艺术空间，成为当代中国乡村发展中一些亮点。但其突出问题在于：一是稳定性不强，由于缺乏机制保障、组织保障，进入乡村的外部要素抗风险能力差；二是带动性不强，许多个体化的文化创意人士在乡村发展中仅仅打造了一个个"盆景"，没有带动所在区域的全面发展。

在乡创工作中，探索文化创意进入乡村的制度性保障，其目的是实现这种"进入"的从自发到有组织的转变、从零散到系统的转变、从展示性到带动性的转变。通过组织振兴，带动人才振兴，进而推动产业振兴、文化振兴与生态振兴。由此，"乡创特派员"制度逐渐在实践中形成。

这是一项遵循"科技特派员"制度的实质，而又有所区别的，致力于乡村振兴路径探索的社会实验与制度创新。从某种意义上说，是新形势下"科技特派员"制度的新发展。20世纪末，有感于农村发展的困境，福建省南平市探索出选派村党支部书记、科技特派员和乡镇流通助理等适应农村市场经济发展要求的农村工作新机制。[1] 这一系列农村的制度性探索都是坚持以人才为突破口，致力于协调乡村社会与市场经济发展问题。尤其是科技特派员制度，以科技创新为引擎，以制度为保障，以创新驱动为目标，促使农业从"资源依赖型"向"科技支撑型"转变，进而统筹城乡发

---

① 习近平：《努力创新农村工作机制——福建省南平市向农村选派干部的调查与思考》，《求是》2002年第16期。

展。① 作为一种体制上的创新和突破，科技特派员制度充分体现了全面协调可持续的特征，具有很大的适用范围，实现了参与方的共同受益。② 与此同时，科技特派员制度有一个意想不到的效果，就是带动了当地行业技术协会和合作组织的发展壮大，提高了农民的组织化程度。③

笔者曾经深度参与科技特派员工作的试点、总结、推广等工作，认识到这一制度的特点是"高位嫁接、重心下移、一体运作"。这些特点是精髓，也是在新形势下的乡村振兴、乡创工作中依然应该坚持的。在科技特派员制度的启示下，围绕文化创意在当代经济社会发展中的突出作用，特别是日益成为乡村创新发展的新引擎，从理论与实践中探索提出乡创特派员制度。

二、乡创特派员制度的特点与意义

与科技特派员制度相比，乡创特派员制度又有许多新的特点。其一，带动要素不同，前者是科技，后者是文化；其二，依靠力量不同，前者主要是体制内干部和专业技术人员，后者主要是社会力量，特别是文化创意企业、文化艺术教育领域的自由职业者；其三，发展目标不同，前者主要是经济发展，后者是乡村产业、文化、生态等的全面发展，当年推行科技特派员制度时，经常说的一句话是"抓科技就是抓经济，抓经济必须抓科技"，当年要解决的主要是农民温饱问题，现在中国农村工作发展已经进入新的全面振兴阶段，要解决的则是乡村发展的内生活力、精神状态等更根本、更综合的问题，换句话说，"抓文化就是抓发展，抓发展必须抓文化"。可以说，乡创特派员制度是科技特派员制度在新发展理念指导下的

---

① 丁太顺：《科技特派员制度的创新模式及系统思想研究》，中共中央党校博士学位论文，2011 年。
② 胡钰：《好制度的生命潜力》，《中国农村科技》2009 年第 2 期。
③ 胡钰：《新型农业经济组织的核心力量》，《中国农村科技》2009 年第 4 期。

延伸与拓展。

乡村振兴需要的是"滴灌"模式而不是"漫灌"模式,后者以一些大投资、大项目投入农村,迅速实现乡村产业发展,但这种模式可能不适合中国绝大多数乡村,会带来资本对乡村的控制甚至破坏,也难以带来乡村的全面与持续发展,从长远看,中国乡村发展更需要的是以中小微企业以及个体力量渗透性地、有组织地进入乡村,实现对乡村发展持之以恒的推动。因而,科技特派员制度、乡创特派员制度很好地适应了中国乡村发展的这种特质。

这一制度创新的意义表现在三个方面:其一,人才振兴。《关于加快推进乡村人才振兴的意见》重申了坚持加强党对乡村人才工作的全面领导,乡创特派员来自社会各行各业,人员背景及构成十分复杂多元,更进一步说,未来乡村振兴的主体不可能仅仅是传统意义上的村民,当各类主体进入乡村之后,如何引导、管理与服务?同时,双向流动的乡村也不可能是一个封闭的乡村,当大量城市居民进入乡村安家、置业、生产生活,他们的经济、文化和价值观念都很不一样,如何处理外来人才(或者说新村民)与传统村民的关系?类似于20世纪80年代农民工进城的某种反转,当年的历史是否可以为今天提供某种教训或借鉴?这是当前乡村振兴全面启动阶段迫切需要关注的问题,而由地方党委牵头实施的乡创特派员制度则是对未来可能出现的问题的回应,也体现了"党管人才"的原则。

其二,产业振兴。乡村的产业振兴离不开资本,事实上,资本流向乡村是资源双向流动的必然要求。但要警惕的是,"乡村振兴战略尤其不是及不能是为资本下乡、城市富人下乡提供市场通道"[1]。如何理解和破解这一矛盾呢?其实质是选择"滴灌"模式还是"漫灌"模式。首先,资本必然追求利润最大化,某些时候甚至会与生态环境、乡村社会和农民争

---

[1] 贺雪峰:《关于实施乡村振兴战略的几个问题》,《南京农业大学学报(社会科学版)》2018年第3期。

利，过去几十年不乏这样的反面案例；其次，对于某些商业大资本来说，县级政府议价能力较低，县域也很容易沦为其生产基地，农民的权益无法得到有效保障。2021 年中央一号文件重申了县域经济和村庄集体经济的重要性。乡创特派员的活动特点是，在县域经济的框架之内从事经营活动，同时，签订合约，接受县委组织部、人社局、文旅局和农业农村局的考核。由此，既能实现有效的约束，又能为乡村引入资本和资源。这是典型的乡村振兴吸引外部资源的"滴灌"模式。

其三，社会振兴。2021 年中央一号文件在"农业现代化"的同时不断强调"农村现代化"，如果说前者指向了"经济"，那么后者则更多指向了"社会"。乡创特派员制度的创设之初，便是希望以制度撬动社会。无论是布洛维所号召的"发现社会"[①]，还是熊培云所呼唤的"重新发现社会"[②]，社会在当代中国具有重要意义。乡创特派员通过引入制度建设，吸引和动员了社会各行各业、多元化的创新创意人才加入乡村振兴行动。在经济和乡村、政治和乡村、城市和乡村之间撑开了一个广阔的中间场域。从实践中看，乡创特派员一方面与乡村成为利益共同体，与上级政府、外部市场和城市文化展开对话、获得资源；另一方面与村民形成紧密互动关系，在乡村内部传播文化、知识和价值，帮助村民了解现代化，了解广阔的世界。

三、乡创特派员制度的实践

2020 年起，清华大学文化创意发展研究院深入浮梁县，协助县委、县政府制定相关文件、组织开展乡创特派员制度的试点工作，推动文化创意作为带动性要素的乡创工作，在工作中得到了浮梁县委、县政府的支

---

① ［英］麦克·布洛维：《公共社会学》，沈原等译，社会科学文献出版社 2007 年版，第 216 页。
② 熊培云：《重新发现社会》，新星出版社 2020 年版，第 9 页。

持，相关探索在实践中积极推进，取得了一定成效，体现了乡创理念的有效性，体现了文化创意对乡村振兴的重要意义。

2020年9月，浮梁县委、县政府给各乡（镇）党委、人民政府、县委各部门、县直各单位、各人民团体印发了《关于创建乡创特派员制度的实施方案（试行）》（以下简称《方案》）。对于乡创工作的目标意义，文件中给予了清晰表述：

> "乡创"是在新时代全面建成小康社会、经济社会处于高质量发展阶段、"三农"发展和城乡融合任务仍然艰巨的时期，乡村落实创新驱动发展战略的新实践；是以创新创意创业人才引入为抓手，以在地人才升级为基础，以唤醒乡土文化和特色资源为切口，以文创、文旅、科创等跨界融合推进在地产业振兴为重点，带动社会化创新落地乡村，深化乡村治理、助力乡村振兴、实现绿色发展的新探索；是自上而下政府引导支持与自下而上创意培育生长相结合的一种乡村创新发展模式。

> 乡创特派员制度是在乡村振兴战略深入推进、乡创实践渐成星火燎原的趋势下，一项源于基层探索、群众需要、实践创新的制度安排，是对科技特派员制度的创新升级；是党委、政府以实现乡村振兴为目标，通过派遣国家机关（公务员）干部或引进人才，遴选掌握乡村创新发展理念的公务员、企业家、创业者、社会工作者、艺术家、设计师等人才，选聘为"乡创特派员"，作为乡村"首席运营官"，开展"一村一员"特派服务，引导支持在地产业发展和文化发展，与村书记、主任形成"双轮驱动"，共建人文乡村，共创县域经济高质量发展特色之路。

具体来看，乡创特派员不是第一书记，不是基于行政命令的选派和驻村，而是乡创理念指导下的县域政府与社会力量的合作，通过调动外部资源，盘活在地资源，最大化组织与村里发展适配的资源，形成一个自我良性运转的长效发展机制。乡创特派员没有行政权力，但他们对政府的相关决策有知情权、建议权，有为乡村振兴建言献策的绿色通道，也参与监督政府投入资金的管理和使用规划。同时，县级政府建立乡创专项扶持基金和返乡创新创业人才库，给予政策、职称、编制、项目和资金等方面的扶持，为他们对接资源和提供服务。

《方案》中对乡创特派员的职责也做了明确规定：

乡创特派员主要职责是统筹、协调、引导、融合自然与文化资源，开展乡村经济运营，增强集体经济实力，提高村民收入，改变村容村貌，实现乡村高质量发展，是乡村经济发展的"首席运营官"。具体工作内容：

1. 资源梳理规划。协同相关部门、村干部、乡贤、能人等展开对乡村文脉、文化遗存、生态资源、土地资源、集体资产等系统梳理，营造人文设施和环境氛围。开展乡村在地产业升级规划，支持各村立足资源优势打造各具特色的产业发展生态。

2. 推进人才招募。通过创意策划与规划，积极招募创新创业人才、项目进入乡村等，推动创意与在地资源有机结合，"乡"与"创"有效衔接和深度融合。

3. 创新融合机制。创新管理与运营，助力三产融合与城乡融合。培育新型农业经营和服务主体，带动在地产业增值和品牌化发展，促进一二三产业深度融合，创造新业态和新就业，推动城乡间要素流动和城乡融合。

4. 助力集体经济。支持做强集体经济，通过完善集体经济组织，让村民入股，成立有资源、有资金、有农民主体的真正的农民合作社，积极参与协调各方，为产业发展与项目推进提供支持。

5. 助推政策创新。根据国家陶瓷文化传承创新试验区新平先行区的要求，创新突破乡村经济发展政策。围绕现状问题和发展需求，梳理现有政策链条，针对缺口提出政策建议，提请上级部门完善政策配套。

《方案》发布后，由浮梁县委组织部牵头向全社会发起"乡创特派员"招募和遴选计划，至同年11月，经过多轮筛选，最终确定了第一批26名"乡创特派员"（可以是自然人，可以是法人，也可以是团队），每名乡创特派员定点运营一个村庄，按照特派员提交的志愿书，县委、县政府也相应地从全县16个乡镇143个行政村中选出了26个村庄。

乡创特派员选派分两个阶段展开。第一阶段：设置"一村一员"，一个行政村选派一名乡创特派员，作为"乡村首席运营官"，赋予其文化和经济管理的职权。在村书记领导下，对乡土文化挖掘、在地产业提升、集体经济发展、乡村文旅升级等方面发挥带头和引领作用，对内进行思想、理念、技术指导，对外进行人才、资源、项目衔接，协助引导乡村整体发展运营。

第二阶段：拓展"一村多员"，一个行政村选聘多名多领域的乡创特派员。围绕"一户一景点、一村一画面、一路一风景、一镇一天地"的发展方向，吸引汇聚新乡贤、返乡创客、民宿从业者、亲子教育老师、设计师、艺术家、互联网社群达人等多领域创意人才，参与乡村多业态的培育与落地生长。

这一乡村振兴的新实践很快引起了媒体重视，第一批乡创特派员刚刚推开，新华社就对此专门做了报道，摘录如下：

> 这里的"乡创特派员"是干啥的？
>
> 新华社南昌2020年11月25日电（记者程迪高洁）距离江西景德镇市区8公里的浮梁县湘湖镇进坑村风景优美，据记载是宋代最好的瓷土矿出产地，用这里的材料烧制出的青白瓷非常精美。就职于

景德镇陶瓷大学的黄薇和黄清华夫妇从 2019 年开始以陶瓷文化沙龙的形式，在这里讲述景德镇宋代陶瓷的故事，吸引了一批陶瓷文化爱好者和专家学者聚集在此。

除了讲述曾经发生在这里的故事，如今，黄薇和黄清华还通过租赁村里闲置的古民居，建立工作室，设计并烧制陶瓷创意作品，通过电商销向全国。

被瓷文化深深吸引的黄薇和黄清华最近有了新的身份——乡创特派员。浮梁县委、县政府联合清华大学共同创新推出"乡创特派员"制度，目的是鼓励人才挖掘陶瓷文化，引导支持产业发展和文化发展。

浮梁县发出"召集令"，希望更多具备乡村发展理念的人才担任乡创特派员，不仅能够来到浮梁并且能扎根乡村，真正在这里生活下来。浮梁县委组织部部长叶青说，鼓励具备乡村发展理念的人才担任乡创特派员，支持产业发展和文化发展。

"推动乡村振兴，需要创造性的观念和机制。开展乡创工作，探索乡创特派员机制，通过导入文化创意的高端人才与前沿理念，可以激活浮梁的历史文化底蕴与自然生态资源，打造很人文、很田园的新乡村，让美丽的乡村更有吸引力与生命力。"清华大学文化创意发展研究院执行院长胡钰说。

"我们村里专门成立了'创客服务中心'，希望通过优质的服务，吸引更多的人才。"浮梁县湘湖镇进坑村党支部书记刘根华说。

事实上，"创客服务中心"只是浮梁和清华大学开展乡创合作的其中一个项目。除此之外，百寺里文化使者村项目、富坑盘扣艺术村落民宿项目、"艺术在浮梁"田园艺术项目……清华大学文化创意发展研究院推动的一批项目近日也在浮梁县落地生根。

截至 23 日，浮梁县已收到 49 份报名乡创特派员的意向书。"乡村发展需要人才，希望乡创特派员与村集体组织形成双轮驱动，实现乡村振兴与'文化创意'的有效对接，共建人文乡村。"叶青说，接下来将加大宣传力度，建立选聘意向台账，吸引更多有想法、有情怀、有乡愁的企业家、创业者、社会工作者、艺术家、设计师等人才，加入浮梁乡创特派员队伍。

目前，浮梁乡创特派员的遴选工作正全面进行，很快将覆盖全部行政村，乡创特派员正成为浮梁乡村振兴中的崭新力量，让千年浮梁充满勃勃生机。

2021年春节，浮梁县依托乡创特派员和清华大学文化创意发展研究院，启动了名为"浮梁红·守千年"的乡村文化传播活动。该项目突出数字文化产业，在线上与央视网合作打造"云村晚"，立体呈现浮梁乡村特色文化，该项目创造了总计2亿次的全网点击量，成为当地乡村文化传播的大跃升；与网易逆水寒合作，数字化保护与传承中华传统文化；与二次元社区"漫芽糖"合作，完成万人手绘。在此过程中，充分发挥了数字时代背景下的乡村建设特点，手机成为新农具，直播成为新农活，农民成为新演员，数据成为新农资，充分展现了数字文化产业服务新乡村的新风貌。春节篇的活动通过共创行动，将人才、资源、观念引入乡村，激活在地的人文资源和自然资源，形成一系列未来可以持续运营的经营性资产，包括品牌资产（乡村新IP）、数据资产（网络传播销售数据）、内容资产（新内容、新商品）、网络资产（新流量、新粉丝、新渠道），为乡村后续可持续发展提供基础和助力。

另外，该项目为浮梁县沧溪村量身定制"以场景代替设施"的"沧溪风华录"新文旅项目。以沧溪村文、武、商三脉历史为背景，以沧溪古村为实景场地，以田园国风为主题，以架空武侠世界为架构，定制开发的大型实景沙盒世界。《沧溪风华录》借鉴了沉浸式演绎、剧本杀、沙盒游戏等年轻态娱乐体验的优势，全员汉服强化沉浸体验和代入感，预设大量互动剧情和任务，让玩家在沉浸在游戏娱乐的快感之中，同时能够体验和感知到沧溪村 1700 年的人文历史传承。以在地历史文化、建筑风格、自然景观等为原始创作素材，在此基础上构建世界观，编写主线剧情。在游玩体验的同时，潜移默化地输出在地文化核心内容。以可使用场地、建筑等为基础，构建各个剧情场景，并根据剧情和任务需求进行轻量化置景。置景时遵循非破坏性搭建、本地特色物料优先等原则。游玩面积约 4 万平方米，包括古村建筑群、后山竹林、村旁农田等多个不同风格区域，设置了茶铺、酒肆、琴坊、朱府、祠堂、票号、后山亭、许愿树等约 30 个剧情场景。该项目为业内原创、全实景国风沙盒世界。通过活动，沧溪成为国内首个大型古村实景沉浸体验文旅目的地，成为首个拥有原创"世界观—剧本"的千年古村落，拥有了一套高度定制化剧本，经过实战验证的运营模式，玩家高度好评的口碑，适合沧溪村国风资源的文化业态，更重要的是，村民深度参与形成了持续运营中人员本地化的良好基础。

与此同时，该项目融合了社会治理元素，安排了老村民向新村民讲述村庄历史，村干部走访贫困户，以及和乡创特派员一起围炉夜话等环节，共同谋划村庄未来发展，其乐融融，共谋发展。这些安排体现了乡创理念的融入性原则，推动了原乡人、返乡人、新乡人的紧密融合。

这是乡创特派员首次参与策划与落地的乡创传播活动。从活动中，可以看到乡村振兴中产业发展与社会治理的有机结合。乡村治理一直以来都是中国社会治理的薄弱环节。文化是一个有效的切入口，能取得润物细无声的效果。比如乡村春晚——以农民为主体的乡村群众文化联欢晚会可以讲述婆媳矛盾的故事，和睦家庭；可以分享外出务工遭遇的酸甜苦辣，温暖人心；村干部可以在村晚的舞台上总结过去，展望未来，还可以表彰先进党员和工作积极分子等，让村民重新关注公共生活，增强村庄共同体意识，培养村民的主人翁意识。乡创特派员制度不回避这些议题，而是积极介入这些议题。乡创特派员除了追求产业目标，同时还承担起一定的社会治理职责。

从某种程度上说，这是一场能量与流量、时尚与治理、乡村与云上相统一的大型乡创实践的演练秀。这次活动中，可以看到各类人才的身影，公务员、企业家、创业者、社会工作者、艺术家、设计师、大学生、返乡者、本村人才等，以及各类资源和组织单位，如智库、媒体、企业等，他们中的大多数都有着个人或法人乡创特派员的身份。2021年的"浮梁红·守千年"活动为乡创特派员参与乡村振兴，各类人才、资源和机构跨界合作，与地方党委、政府高效协作都提供了借鉴和经验。

"艺术在浮梁2021"活动是乡创特派员孙倩推动的又一个极具显示度的乡创项目。在成为乡创特派员后，选择了臧湾乡的寒溪村，用日本大地艺术节的核心理念和方法论为浮梁县打造了一个通过文化艺术带动乡村振兴的区域性项目。

"艺术在浮梁"的作品分为户内、户外两种艺术项目。户内的项目利用废弃房屋进行改造、设计，户外项目利用无用土地进行设计。艺术项目、作品分散在田间、茶山和村落，形成了一个没有屋顶的"乡村美术馆"。除了设计艺术作品，项目非常注重持续运营。通过和公益、传媒、教育、娱乐、美食、旅行等领域进行合作，陆续上线了以"艺术+"为核心的综合在地体验活动，不断实现内容再生产。

从2021年5月1日到6月1日，还有从10月5日到11月5日，整个活动的展期为64天，在两个展期期间又做了寒溪村的日常运营83天，在不到半年的时间里，一个小小的村落来了5万左右的人，其中多数都是从大城市自发前来的青年人。参展的艺术家共计34位，来自5个国家，参展的艺术项目一共是27件。在此期间，举办了文化研学类的活动25项。该艺术项目落地时尽可能与当地村民进行合作，因此参与当地施工制作的村民为150人，参与志愿者团队的村民为59人，整体项目受到了村民热情的支持。

寒溪村在此之前没有任何商业业态，为了提升游客的参观体验，该项目和咖啡、饮料、餐饮、时装品牌等进行合作，并挖掘当地农产品、酒和茶，丰富了当地的商业设施，创建了"拾八方"文创品牌，这一项目极大地增强了当地的文创属性与传播价值。事实上，"艺术在浮梁"已经成为浮梁专属的地域品牌，这一有人文关怀、由文化挖掘带动的乡创项目受到了许多社会媒体和受众自发的热情的关注，极大地提升了当地的影响力和资源吸引力。

乡创实践是在乡村振兴中出现的一种有益探索，尽管这种探索是局部的，也不能希冀以此解决中国乡村的所有问题，但作为一种内生的、原创的、基层的中国乡村发展尝试，这种探索结合了自上而下的"自觉"与自下而上的"自发"，让文化要素更有效地赋能乡村振兴，文化铸魂，文化兴业，正在推动中国乡村实现内在而深刻的改变。

四、文化产业特派员制度的提出

乡创特派员制度的探索是局部的，成效是显著的。这一经验也得到了文化和旅游部相关部门的关注，并于 2021 年在浮梁县召开了现场研讨会。值得称道的是，近年来，许多地方在乡村振兴过程中，都在积极探索人才导入乡村的新机制，比如浙江省义乌市探索"乡村创客"机制，吸引创意青年参与乡村振兴，笔者的研究生参与其中打造出了乡村文化新空间，获得了较好的市场效益与社会效益。同样，北京大学文化产业研究院提出"乡创营造师"机制，积极参与四川省宣汉县白马镇乡村文化发展实践，发挥了较好的带动性和影响力。

在 2022 年文化和旅游部、教育部、自然资源部、农业农村部、国家乡村振兴局、国家开发银行联合发布的《关于推动文化产业赋能乡村振兴的意见》中，明确提出："鼓励各地结合实际，探索实施文化产业特派员制度，建设文化产业赋能乡村振兴人才库。"可以说，"文化产业特派员制度"是对自发性、局部性的文化产业人才参与乡村振兴机制探索的深化与提升。笔者应文化和旅游部之邀专门为"文化产业特派员制度"撰写了政策解读。

实施文化产业赋能乡村振兴计划，需要引导文化产业领域企业家、创业者、创意人士、文化工作者、文化志愿者和各类相关人才深入乡村，扎根乡村，服务乡村。文化产业特派员制度是汇聚各方人才投入文化产业赋能乡村振兴进程的新机制，为推动文化产业与乡村振兴有机融合、持续创新提供生机勃勃的人才保障。

根据这一《意见》，要制定政策举措，建立有效机制，引导文化产业人才深入乡村对接帮扶和投资兴业，带动文化下乡、资本下乡、产业下乡。鼓励实施文化和旅游创客行动，营造良好创新创业环境，支持文化和旅游从业者、相关院校毕业生、返乡创业人员、乡土人才等创新创业。

不论从历史还是现实来看，外部人才要素的导入都会对乡村产生特殊的、不可替代的作用。特别是在乡村脱贫攻坚完成、乡村全面振兴展开与文化强国建设的时代背景下，推行文化产业特派员制度更是具有极强的引领感，可以从国家层面发出强烈信号，鼓励、引导更多文化创意人才全方位、大规模进入乡村，既在推动乡村全面发展进程中更主动地发挥文化的作用，又在乡村振兴中建设新时代的文化强国。

文化产业特派员的重要任务在于激活优秀传统乡土文化，发展乡村文化业态，有效保护和利用乡村人文资源和自然资源，推动乡村一二三产业有机融合，让文化产业对乡村经济社会发展的综合带动作用更加显著，对乡村文化振兴的支撑作用更加突出。这一制度既为乡村发展提供了新的人才动力和经济社会增长点，又为人才发展提供了新的展示空间和成长释放着力点，无疑对于中国的乡村振兴战略与人才强国建设具有双重意义。

广阔乡村，大有作为。新时代的中国乡村，更是为充满活力的文化创意人才提供了无比丰厚的土壤，持续深耕其间，生命之力得以释放，乡村之美得以绽放。以文化产业特派员制度为引领的各项乡村创新发展人才制度的提出与推行，让人才与乡村紧紧联系在一起，成为乡村振兴的源源不断动力。

第三节　乡村传统民俗节日文化

　　中国传统民俗节日文化是中华优秀传统文化的活跃内容，是乡村文化振兴中的可发掘、可利用的有效抓手。乡村的发展优势之一是文化优势，而乡村民俗节日活动则是乡村文化优势的生动体现，也是乡村文化的特殊魅力。事实上，中国传统节日文化仍然深深地扎根在乡村，在文化创意赋能乡村产业高质量发展和乡村全面振兴的进程中，可以成为推动乡村文创发展的重要着力点，焕新、唤醒传统节日文化是推动乡村振兴的创新之举，是激活乡村文化力量转化为乡村发展动能的重要实践。

一、乡村传统民俗节日文化的实践类型

　　党的十八大以来，全国各地开展了丰富多彩的传统民俗节日文化的传承弘扬实践，形成了宝贵的经验。乡村振兴战略实施以来，中国传统节日振兴工程与乡村振兴相结合，涌现出很多特色的经验和做法，值得总结提炼。

（一）价值引领型

　　传承弘扬我国传统民俗节日文化坚持以习近平新时代中国特色社会主义思想为指导，以社会主义核心价值观为引领，以实现中华民族伟大复兴的中国梦和满足人民群众对美好生活的向往为工作目标。具体来说，包含如下几个方面：

　　一是强调对传统民俗节日文化的价值内涵进行深入发掘。传统民俗节日文化向世人传达着中华民族的智慧、气度、神韵，包含着爱国爱家、诚信友善、慈孝和睦、文明和谐、天人合一等重要价值，在新时代仍然具有重要意义，融入乡村日常生产生活，有助于提升乡风文明、实现文化振

兴。比如山东省曲阜市探索出了"文明实践，熔铸儒家文化"的模式。

二是强调传承弘扬我国传统民俗节日文化要将民俗节日文化与红色文化紧密结合。乡村是红色文化和传统民俗节日生存发展的重要社会空间。为传统节日文化注入红色基因，在乡村振兴实践中逐渐形成中国特色社会主义的新传统，可以为全面建设社会主义现代化国家提供精神力量。比如江西省井冈山市茅坪镇探索出了"传统引领，党史驱动"的模式，把"红色精神"融入到清明节、重阳节等传统节日中。

（二）社会治理型

《中华人民共和国乡村振兴促进法》要求"更好发挥政府作用，推进农业供给侧结构性改革和高质量发展，不断解放和发展乡村社会生产力，激发农村发展活力"。《中共中央　国务院关于加强基层治理体系和治理能力现代化建设的意见》要求形成"党建引领基层治理机制全面完善，基层政权坚强有力，基层群众自治充满活力，基层公共服务精准高效"的治理格局。党建引领、政府统筹，解决现实问题、助推社会发展，民俗节日成为激发乡村和群众活动的重要抓手。促进乡村文化振兴和组织振兴的过程中，逐渐形成如下经验模式：

一是强调发挥传统民俗节日文化所内含的文化治理功能。乡村很多风俗习惯、村规民约等具有深厚的优秀传统文化基因，至今仍然发挥着重要作用。要在实行自治和法治的同时，注重发挥好德治的作用，推动礼仪之邦、优秀传统文化和法治社会建设相辅相成。比如浙江省丽水地区以乡村春晚主动回应社会问题，既辅助乡村治理，又吸引人才回流。

二是强调政府的统筹协调作用。在乡村，传承弘扬我国传统民俗节日文化是不可能独立完成的，它需要加强党的领导，充分发挥政府主导作用和市场积极作用，鼓励和引导社会力量广泛参与，尤其是与其他机构、政策、活动相结合，比如党史学习教育、新时代文明实践、非物质文化遗产保护工作、传统节日振兴工程、基层公共文化服务体系建设、文明乡村

/ 美丽乡村创建等。由基层政府统筹协调、科学规划、整合资源、形成合力、打造品牌，共同服务于乡村全面振兴。比如云南省彝族自治州武定县白路镇探索出了"非遗助力，多文化繁荣"的模式。

三是传承弘扬我国传统民俗节日文化纳入基层政府绩效考核指标体系。在大多数地区，绩效考核指标体系是基层党委、政府工作的指挥棒。传承弘扬我国传统民俗节日文化必须纳入基层政府绩效考核指标体系，才能真正得到有效的、常态化的推动。比如江苏省张家港市将传统节日传承弘扬纳入公共文化服务与文明村考评体系。

（三）人才创意型

乡村振兴，关键在人。2021 年发布的《关于加快推进乡村人才振兴的意见》要求，坚持和加强党对乡村人才工作的全面领导，坚持农业农村优先发展，坚持把乡村人力资本开发放在首要位置，大力培养本土人才，引导城市人才下乡，推动专业人才服务乡村，吸引各类人才在乡村振兴中建功立业，健全乡村人才工作体制机制，强化人才振兴保障措施，培养造就一支懂农业、爱农村、爱农民的"三农"工作队伍，为全面推进乡村振兴、加快农业农村现代化提供有力人才支撑。

一是强调传统民俗节日文化中的群众首创精神。乡村建设是为农民而建，民俗节日文化是劳动人民在长期的生产和生活中沉淀形成的，凝聚人民的智慧和情感，以群众喜闻乐见的形式传延不衰。新时代民俗节日文化要继续尊重人民群众的主体地位和首创精神，调动农民的积极性、主动性、创造性，在亿万群众的实践中活态传承，以群众参与度、积极性和创造性作为重要价值导向。比如江苏省徐州市马庄村树立了"党建引领、文化立村"的模式。

二是强调外来人才的价值和作用。传统民俗节日的传承弘扬要从乡土中国的文化土壤切换至城乡中国，因为当代乡村不会仅仅按照乡土逻辑进行文化实践，城市与乡村在日益密切的交流中相互形塑。许多城市居民来到乡村投资、工作与生活成为趋势。比如自然造物团队联合遂昌县政府发起的"大过中国节"中国传统年节复兴计划，打造出"遂昌端午行"这一持续运营的区域品牌业态，树立了"社会机构＋地方政府＋乡村民众"的模式。

三是强调返乡者的价值和作用。返乡能人如宗亲或乡贤对家乡有感情，这就决定了经济利益不是其返乡唯一的目的，可以照顾到更多的情感与关系。因此，他们在乡村的行为会嵌入乡村社会关系和结构之中，与乡土社会发生深刻而复杂的互动。比如广东省佛山市南海区探索出了"宗族回馈，村庄串联，打造乡村民俗文化品牌"的模式。

（四）产业转化型

传统民俗节日文化的产业转化需要坚持创造性转化和创新性发展的思路，不断赋予新的时代内涵和现代表达形式，不断补充、拓展、完善，使中华民族最基本的文化基因与当代文化相适应、与现代社会相协调。这就需要按照时代特点和要求，对那些至今仍有借鉴价值的内涵和陈旧的民俗节日形式用文化创意加以改造，赋予其新的时代内涵和现代表达形式，激活其生命力。

一是强调文创赋能把文化作为新资产。传统民俗节日文化不会自动转化出产业价值，需要文化创意的焕新唤醒，打造传统民俗节日文化的新内容和附加值、创造乡村新IP、带动村民新观念、增加乡村文化的品牌度和美誉度，打造新流量与新粉丝等网络新资产，形成一系列未来可以持续运营的新的乡村业态，同时也能为县域文旅产业注入新活力。比如江西省浮梁县探索出了"乡创特派员制度＋浮梁红守千年焕新中国节IP打造＋浮梁乡创学院＋两山创新实践基地"的模式，河南省焦作市修武县探索出了"名山经济、县域美学、创意赋能"的模式。

二是强调发展壮大集体经济。从党的十九大报告到《中华人民共和国乡村振兴促进法》，壮大集体经济都是反复强调的要点。如何保障农民的主体地位，集体经济是一个重要的保障性力量，县级国资平台、涉农项目资金等都有责任和义务支持壮大村级集体经济。传统节日文化的产业转化只有与村级集体经济相结合，才能对内开展群众工作，凝聚共识，化解矛盾；对外承接各类市场主体，股份合作，实现产业的可持续发展。比如陕西省礼泉县袁家村探索出了"集体经济，农文旅融合"的模式。

二、乡村传统民俗节日文化传承弘扬的创新实践

中国广大乡村历史文化积淀深厚，各地民俗节日文化各具特色，形成了浓郁鲜明的地方特色，也成为地方发展的独特资源。在推动乡村发展中，许多地方自觉发挥乡村文化特色，在民俗节日文化上下功夫，形成了一些乡村创新发展的特色举措，成效显著。以下介绍笔者深度调研过的两个典型：广东省南海区和陕西省袁家村。

（一）广东省佛山市南海区

南海区是佛山市五个行政辖区之一，位于广东省中南部，珠江三角洲平原中部，是珠江文明的发祥地之一。南海自古经济发达，商业繁荣，文教鼎盛。它历史人文资源丰富，诞生了方献夫、康有为、陈澹浦等历史名人，集成了道家文化、儒家文化、忠义精神、工匠精神。它东联广州，西牵黔桂，南出港澳，凭借突出的地缘优势，成为改革开放的先行区，创造了县域经济发展的"南海模式"。南海在全国百强区中位列前茅，有"广东四小虎之一"的称号。

南海地处岭南，自隋朝置县起，一直处于岭南的政治、经济、文化的中心地带，有数之不尽的文化瑰宝。从醒狮、龙狮等游艺民俗到广为人知的粤剧文化，无不反映了南海深厚的人文底蕴和先民的聪明智慧。在神仙诞辰、先祖祭祀等重大意义的日子里，人们集聚在一起，或手提生菜包，或手举风车，通桥巡游，开演大戏，以祈求健健康康、顺顺利利、开

开心心。这些逐渐成为固定的民俗，展现了岭南地区的人民生活习惯和社会文化发展，保留了浓郁的岭南地方色彩，流露出人们的生活智慧和乐观的生活精神。

南海自古崇文重教，历来人才辈出。从宋到清这四个朝代，南海出了 347 名进士。单在明朝，南海出了 187 名进士。辉煌的科举成就为南海留下了耕读传家的民间传统，也发展出了弘扬尊师重教的节庆风俗。孔子诞和翰林宴是这一类节庆活动的典型代表。每年孔子诞农历八月廿七，松塘村人欢呼雀跃，村口有文化展牌展示孔子生平事迹，村中德高望重的长者代表迈进孔圣庙上香、进宝、颂祭文，身着古装的小学生整齐诵读《论语》，学生次第走过翰林门，寓意将来要成为翰林学士那样的栋梁。

南海不但文风浓郁，武风同样鼎盛，是佛山武术文化最为重要的组成部分。自明清开始，各乡习武、练狮之人众多，孕育出黄飞鸿、叶问等享誉世界的中华武术大师，还收获了"中国龙狮之乡"的美称。由此，南海形成民间的传统体育项目。每当逢年过节，或有重大喜庆事情，必定有醒狮、龙舟、武术竞技出动助兴。每逢节庆，专门以"狮会""龙舟会"为主题的活动，或以舞狮、赛龙舟参与节庆的活动数不胜数。西樵镇在国庆期间举办的西樵山"黄飞鸿杯"世界华人狮王争霸赛，大沥镇在农历正月期间举办的大沥醒狮盛会，九江镇在国庆期间举办的九江龙舟锦龙盛会，都有群狮起舞、众龙翻腾的盛况。

改革开放以来，特别是党的十八大以来，南海区逐渐探索出了"宗亲出资、乡民共建、党建总领、非遗保障、产业融合、凝聚湾区"的民俗节日文化发展模式。政府各级部门与乡民乡亲勠力同心、通力合作，恢复了传统节日景观，重现了传统节日仪式，共同实现传承节日文化、弘扬中华优秀传统文化、创新区域治理的发展目标。南海区的民俗节日文化没有在全球化的影响下趋于溃散，没有成为社会弃之不顾的"文化遗产"，而是融入了中国特色社会主义现代化进程，成为南海区推进文明风尚建设、推进乡村振兴、推进城乡融合、推进粤港澳文化中心建设的突出特色和区域亮点。笔者在调研中，参与了龙舟训练活动，观看了舞狮表演，体会到了传统民俗节庆在乡村的生命力与感染力，感受到了中华传统文化的当代精神魅力。

在创新发展传统民俗节日过程中，南海形成了一系列做法。其一，民俗艺术化，发展文创产业。民俗节日文化源自民间百姓的生活经验，在仪式中体现民间习俗的性质，或有原始宗教和一般宗教信仰的某些特征，比如对自然神形象的崇拜，对行业神形象的崇拜，以及部分辟邪化凶、迷信信仰遗风。南海区以文化创意为载体，让更多民俗走进大众生活，小至以醒狮、龙舟、乐安花灯等民俗为元素的创意产品，大至打造"南海艺术节""品质南海·文化周末""筑梦佛山·梦圆南海"文化艺术公益夏令营等区级的、具有区域影响力和全国传播力的文化品牌活动。通过艺术化形式，弱化民俗节日活动中的宗教性，凸显文化性，保留其生活性和本土性。

其二，民俗品牌化，发展"体育+旅游"产业。西樵镇通过优化醒狮民俗，借势岭南文旅小镇建设和西樵全域旅游，升级"黄飞鸿杯"世界华人狮王争霸赛活动品牌，同时带动具有西樵山特色的文化旅游产业的发展。南海还借助特色民俗体育搭建世界级体育比赛平台，通过举办武术、龙舟、醒狮等品牌赛事，承办登山、台球、无线电测向、航海模型、健美操、体育舞蹈、定向越野等多项省级、国家级赛事，吸引来自世界各地的健儿参加。这些现代体育竞技活动对传统民俗体育活动进行了创造性转化和创新性发展。

其三，民俗IP化，发展影视产业。在影视产业方面，"佛山功夫"的民俗名片得到了深化运用。南海以桂城街道文化产业园、狮山镇中央广播电视总台南海影视城、西樵山国艺影视城为载体，打造粤港澳大湾区内唯一集中"影视拍摄基地+影视产业园区+影视旅游景区"的全产业链集聚区。

其四，民俗符号化，发展电竞产业。南海与"国民游戏"《王者荣耀》

联合活化醒狮这一文化符号，游戏角色"鲁班七号"披上了以南海醒狮民俗为主题的"狮舞东方"皮肤，成为"南海醒狮非遗推广大使"。"狮舞东方"皮肤通过数字化手段把岭南优秀非遗文化再现、重构，增加电竞活动传统文化色彩，也依托电竞产业热度传播中华民俗文化，同时也推动了南海文化形象的传播。

其五，民俗活动化，发展观光农业。在举办"中国农民丰收节"活动中，南海在九江镇璜矶村设置分会场，通过水产养殖传统技艺大赛让市民体验捉鱼的乐趣，把承埠饷、逐农艇、撒花技、捉塘底等曾经的打鱼生产环节全都设置成为竞技游戏，而且设置小型秋色庆丰收民俗文化展演，增加农业技能展示、体验和互动。这些活动吸引参观者了解农业、参与农业，形成了基于农业民俗的文旅项目。

2020 年起，南海区委、区政府联合清华大学文化创意发展研究院深度发掘地方文脉，探讨南海文化创意产业大发展，成立新型研发机构西樵山书院，打造新型文创发展智库，逐渐走上更加专业化、机制化、开放化的文创发展道路，力争让文化创意赋能乡村发展、城市更新与城乡融合，让南海成为佛山、广东、大湾区乃至中华文化发展的新高地。

（二）陕西省咸阳市礼泉县袁家村

袁家村位于陕西省咸阳市礼泉县烟霞镇北部，地处关中地区，属于关中平原的腹地。关中是华夏古文明最重要、最集中的发源地之一。从上古时代蓝田猿人、华胥古国到伏羲氏、女娲氏、神农氏，从半坡的仰韶文化到西周定都丰镐，大秦定都咸阳，两汉隋唐改建长安，关中是当之无愧的中华文明摇篮。

农耕文明是陕西关中文化的重要方面。关中平原怀抱渭水，土层肥沃，气候温和，物产富饶，是中华农耕文明的重要发祥地之一。《尚书》评价全国各地农田时，把关中平原所在的雍州定为上上，居全国之冠。《诗经》中也以"周原膴膴，堇荼如饴"来赞颂周原土地的肥沃富饶，当时的周原即是关中平原的一部分。可见关中地区自古以来农业发达，农耕文明是关中平原风俗文化的核心。

袁家村在明清传统村落旧址上打造"关中印象体验"文旅项目，走上了发展乡村民俗旅游的道路。袁家村以乡村文旅为突破口，通过股份制改革，组织农民发展集体经济，并成立专业合作社，形成农户与协会组织的利益共同体，于竞争中谋求合作，在乡村的整体性发展中实现个体诉求的有效满足和正向激励。同时，袁家村采用"进城出省"模式向外传输先进经验，带动了袁家村品牌走向全国。2021年，袁家村的游客突破600万人次，总收入逾10亿元，村民人均纯收入超过10万元。全员参与的旅游发展模式激活了乡村振兴的内生动力，使传统村落与民俗文化焕发出新的生机。如此高的游客人数与村民收入，对于这个不过60余户人家的村子来说，成效是惊人的。

多年来，袁家村加大历史文化名镇的保护与开发力度，积极加强村镇的管理与建设，突出彰显关中民俗文化特别是美食民俗文化。目前，袁家村已建成具有关中作坊、关中民俗体验、关中小吃、关中杂耍等内容的民俗老街店铺和工艺作坊，依托传统作坊生产的菜籽油、辣子、豆腐、酸奶等系列农产品和土织布、刺绣等民间工艺品赢得了广泛市场。为打造"关中印象体验地——袁家村"民俗文化品牌，袁家村坚持"全面控制、重点保护、修旧如旧"的方针，对老街区项目进行丰富和补充，再现古老手工艺制作过程。利用扩展区空旷地带，打造礼泉艺术走廊，集中展销当地特色艺术品。收集、挖掘、整理一系列民间文化遗产和传统文化，在表现形式上注入现代化生活气息，将传统与时尚完美结合，激活传统民俗文化。开展特色节日文化活动，举办系列民俗风情活动，定期举行戏剧演出，充分发掘并大力弘扬关中传统民俗文化。

袁家村注重传统民俗节日的继承与弘扬，常年举办多场大型民俗节日系列活动，受到众多游客欢迎，带动了民俗节日文化的保护与乡村集体经济的发展。其中，春节是中国传统民俗节日的重要典型，也是袁家村作为关中印象体验地的重要节日。袁家村以春节作为传承弘扬民俗节日文化的典型活动，采取了一系列典型做法。春节期间推出了"来袁家村，过关中年"的活动，邀请四方游客逛庙会、赶年集、看社火、放烟花、游灯会、吃年饭、围篝火、过大年，在古礼中欢庆，感受浓浓年味。2021年、2022年春节期间，笔者专门来袁家村实地调研，沉浸在人山人海、热气腾腾的节日氛围中，深感乡村节庆习俗对中华传统节庆文化的生动展示与有效传承，身处其中，可以感受到中华传统节庆的浓郁文化气、人情味与生活感，也因此，更加认识到乡村的文化基因与文化植根，认识到乡村对中华文化传承与发展的重要意义。值得欣喜的是，在与村长及村里青年骨干人才交流中，可以看出对创新乡村传统民俗节日文化的强烈热情与活跃思路。

大量民俗文化被袁家村作为产业化开发的资源，在文化产业领域绽放异彩，探索出民俗食品、旅游开发、文艺活动等多种途径。袁家村在元宵节中，举办"袁家村猜灯谜、闹元宵"活动，在游客中心广场支起农家灶台，煮上传统元宵，由村干部带领村民共同准备，为游客带来元宵等传统节日美食。在夜间挂灯笼、猜灯谜，举办篝火晚会文艺活动，提供全方位的节日文化体验，使大量游客在袁家村体验到了浓浓的传统节日气氛。同时，推出"集四季卡，中现金奖，品观众味，全村陪你闹元宵"活动，引导游客在四条网红传统街道中体验热闹的关中民俗。袁家村能够系统性推出节日系列文化产品，依靠的正是对传统民俗节日文化的产业化打造。例如，在节日美食方面，在合作社的基础上形成产业链，打造作坊街、回民街、小吃街等特色旅游街区，汇聚民俗美食传承人，以极严格的高质量为标准从民俗品类的众多认领者中挑选入选者，使其按照传统的手工艺进行生产，并要进行最传统的"发誓承诺"来保障品质，并形成"前店后厂"的生产销售模式，以此形成了正宗、安全、稳定的民俗节日美食产业。

袁家村注重实施品牌化营销策略，着力以民俗、质量、诚信打造以传统关中文化为关键亮点的"袁家村"品牌，实现品牌价值溢价，目前品牌价值超过 20 亿元。袁家村推出了"关中民俗婚礼"品牌，由关中民俗婚礼策划师为游人呈现"寻古礼，倒时光，拜天地，敬高堂"的最真实的系列关中民俗婚礼，实现对民俗文化的有效传承。从婚礼服饰、场地布置、婚礼物件、婚宴酒席到摄影摄像和乐队配备等各方面入手，融合袁家村在地民俗风情及历史文化，集中体现民俗节日庆典元素。在品牌化营销中，袁家村注重以民俗塑品牌，紧扣关中传统民俗文化的关键点；以质量塑品牌，严把材料、管理、监督、加工和销售等关口；以诚信塑品牌，始终强调诚信文化，将其作为立村之本、发展之基，成为袁家村人的行为原则。

袁家村在传统民俗发展中，较好地处理了传统与现代的关系，一方面，最大限度地保留了关中民俗，通过挖掘传统资料，复原、展示当地的文化习俗；另一方面，把这些民俗与当代生活需求、时尚发展结合起来，比如对地方传统美食文化的打造，其品质、品牌、品相与环境打造，完全是现代感的，与此同时，既有传统美食，也有当代咖啡厅、酒吧，传统与现代的深度融合给当地乡村带来有机的文化新业态与持续的发展新动力。更重要的是，当"袁家村"三个字逐渐成为当代乡村美食品牌新标杆、乡村文化发展新模式，袁家村逐渐成为当代中国乡村文创新高地。

三、推动乡村传统民俗节日文化传承弘扬的创新发展

在乡村振兴的大背景下讨论传统民俗节日文化的传承弘扬，应该从更具战略性的高度和宏观性的视角来看待，要通过推动乡村传统民俗节日文化传承弘扬的创新发展，关注产业、人才、生态、文化和组织等五个方面的全面振兴。

（一）认识乡村民俗节日文化的战略意义

乡村不是城里人进行文化消费的后花园，不是需要拯救和保护的对象，乡村不能依附于城市而存在。相反，恰恰是当代社会发展遇到瓶颈，

才迫使我们重返乡村，"礼失求诸野"，不能仅把乡村当作问题，更要以乡村为方法。因为乡村具有内生的文化优势和生态优势，天然地与绿色发展理念和高质量发展要求相关联，指向粮食安全、绿色生态和文化自信，可以成为解决时代危机和社会问题的有效方法之一，更可以产生一种具有未来性的生产方式与生活方式。乡村的民俗节日活动具有特殊的文化认同感和文化治理意义，需要被重新挖掘与认识。在乡村的自发的民俗节日活动中，"民众的参与、民众的主体性、他们的自豪感、他们对共同体的认同感，这些都是很难被书本上那种把政治、经济、社会、文化刻板分开的概念所包容的。把文化和生活分开，把文化与大众和平民分开，这是带有精英主义做派的对文化的误解，也是商业媒体和商业逻辑劫持文化的结果"①。基于此，对乡村民俗节日文化的战略意义要有充分认识，一方面，传统民俗节日文化不能仅仅作为保护对象去传承和弘扬，而是乡村发展新动力和新引擎；另一方面，传统民俗节日文化不能仅仅作为乡村文旅产业发展的助力手段，不能仅仅以商业指标来考量其发展，而要站在乡村全面振兴的视角来看待。必须认识到，中华文化植根在乡村，文化是乡村的后发优势，是实现当代乡村全面振兴的新的带动要素。要让传统文化回归乡村、回归生活、回归民众，并发挥其社会治理作用，在人才导入、社会活力、乡村运营、组织建设、乡风文明等方面发挥独特的功能。要将乡村文化发展作为乡村振兴的战略任务，不能就文化论文化，要在文化与社会、文化与发展之间创造性地建立有活力、多层次的有机联系。

（二）在产业发展中传承弘扬民俗节日文化

没有可持续的产业支撑，传统民俗节日发展很难行稳致远。对传统民俗文化节日资源进行产业转化，要找到行之有效的途径。一是鼓励地方文旅部门、镇村干部、在地乡贤、文化精英等展开对乡村文脉、文化遗

---

① 赵月枝：《中国新闻传播学访谈录》，河南大学出版社 2021 年版，第 341 页。

存、生态资源等的系统梳理，分析研判哪些资源禀赋适合做成特色亮点、打造文化 IP，进行产业化转化。二是引导县级政府、乡贤组织、社会组织等寻找与村庄相匹适的外部资源，将外来资源与本地资源相结合，培育新业态、新模式和新型主体，同时建立合规的当代商业模式和分配机制，让文化成为新资产，留下可持续运营的新业态。三是发展集体经济，对内组织生产，保障村民利益，对外展开股份合作，集聚社会资源。四是警惕将城市文化产业的大项目、大投资复制或移植到乡村，这种做法是急功近利的，不利于乡村内生动力培养，要鼓励有耐心、有情怀、有"滴灌式"长线思维的"专精特新"的中小微企业以及乡创特派员等个体力量，渗透性地、有组织地、长期性地进入乡村文化领域，实现对乡村文化发展持之以恒的推动。

（三）依靠和团结更为广泛的人才力量

"乡村振兴，关键在人。"乡村建设是为农民而建，要坚持农民主体地位，调动农民的积极性、主动性、创造性。按照"三三制原则"打造新的乡村振兴主体，即三分之一的传统农民、三分之一的返乡人才、三分之一的下乡市民，简言之，即是原乡人、返乡人和新乡人的"三乡人"。具体来说，一是注意发挥在城乡之间流动的务工群体、老人、妇女、儿童在传承弘扬传统节日文化中的积极作用。二是依靠和团结更为广泛的人才力量，引导城市文创人才下乡，特别是推动民俗文化类专业人才深度服务乡村文化振兴。三是强调返乡者的桥梁作用，推动城乡文化在碰撞中融合，在城乡融合中塑造新时代的新乡土文化。四是发挥传统节庆活动的平台功能，在传承弘扬的过程中，加强不同主体的沟通磨合，凝聚乡村文化发展共识，创造共创共享共赢的乡村文化发展新局面。

（四）将民俗节日文化与当地生态资源相结合

文化具有公共、绿色、可持续的特征，传承弘扬民俗节日文化，要贯彻创新、协调、绿色、开放、共享的新发展理念，不得破坏生态环境，不搞大拆大建。具体来说，一是因地制宜、规划先行，顺应村庄发展规律，根据乡村生态条件、资源禀赋、产业基础分类推进。二是鼓励民俗节日文化要素与当地生态资源禀赋相结合，将生态理念融入乡村文化设计和策划。三是用文化创意赋能各地"两山产业"相关业态，鼓励和培育文化生态类相关产业，共建美丽乡村。

（五）以民俗节日文化为抓手推进乡村文化振兴

实施乡村文化振兴，民俗节日文化是有效抓手。一是强调文化建设与价值引领，将马克思主义基本原理与中华优秀传统文化紧密结合，将民俗节日文化与红色文化、社会主义核心价值观相结合，提升农村整体精神风貌。二是提炼独具地方文化特色的价值理念，引领区域乡村文化振兴。三是完善农村公共文化服务，将民俗节日文化纳入乡村公共文化服务体系。四是实施中国传统节日振兴工程，支持农村因地制宜、因时制宜地举办中国农民丰收节、"我们的节日"、乡村春晚等各类民俗节日活动，丰富乡村文化生活。对乡村自发的民俗节日活动要给予重视和支持。五是推动乡村非遗传承发展，推动中国传统工艺振兴，丰富传统民俗节日活动的内容和形式。六是强调民俗节日文化的数字化和年轻化发展趋势，线上与线下、传统文化与时尚元素、中国特色与世界潮流相结合，以国风国潮、沉浸式体验等年轻人喜爱的方式进行传承弘扬。七是积极推动传统民俗节日文化的国际传播，并以此为突破口，展示积极自信、亲和温暖的中国国家形象。

（六）民俗节日活动参与乡村社会治理

自古以来，礼乐、民俗就具有社会治理功能。要将民俗节日文化的传承弘扬与乡村社会治理关联在一起。一是鼓励各地将民俗节日文化传承与基层党建相结合，以党建来把好乡村文化振兴的"方向盘"。二是鼓励县级政府各部门加强统筹，成立乡村文化振兴领导小组，定期召开协调会，统筹各部门的资金、项目、政策等资源，消除部门壁垒，加强沟通协作，优化资源配置，重点支持有示范性、带动性的乡村民俗节日文化活动。三是鼓励在县域范围内进行制度创新，发挥制度的杠杆作用，撬动社会力量参与乡村振兴，不仅给县级财政减负，而且为乡村文化振兴营造良好社会生态，减少同质、重复、低效建设，满足高质量发展要求。四是鼓励民俗节日文化参与乡村文化治理，开展乡村社区营造，通过组织文化活动提升村庄组织力，通过内容生产回应空心化的乡村社会难题，助力建设充满活力、和谐有序的善治乡村。五是鼓励乡村依托民俗节日活动成立基层文化社团组织，以文化兴趣形成社会联系，以社会联系推动社会治理，更好传承弘扬文化，更好团结服务群众，提升乡村组织力，助力乡村组织振兴。

第五章　城市文创

　　中国的城市化进程不断加快，越来越多的人口聚集在城市中，越来越多的投资聚焦在城市中，如何让城市发展既有生产力，又有亲和力，不仅成为物质性空间，也成为精神性空间，是城市发展中的战略考量。从国际经验来看，城市的历史文化是城市的灵魂所在，城市的文化创造是城市的魅力所在，仅仅从经济建设、社会治理的视角来看待城市发展是远远不够的，还要能从文化创造的视角来看待城市发展的目标与路径，才能让城市"活"起来、"美"起来、"暖"起来。

第一节　文化创造与城市发展

一、把握城市的文化属性

　　城市作为人类生产生活的聚集地，不仅要开展经济活动、政治活动，也要开展文化活动、教育活动以及日常生活，后者正是城市文化的主要内容，也是城市文化属性的具体体现。对城市发展来说，如何传承历史性、内在性的城市文化，如何创造时代性、未来性的城市文化，是城市文化发展乃至城市发展的基本职责。

　　城市是人类文明的集中体现。从人类历史上来看，不论是古希腊时期的雅典城，还是唐朝时期的长安城，都是当时人类经济社会文化发展的高地，展示了时代文明的精华，时至今日，千年之后，卫城山上的雅典娜神庙，大雁塔下的大唐不夜城，依然成为这两座城市中耀眼的文化空间。事实上，在柏拉图的《理想国》中，苏格拉底就曾讨论过"繁华城邦的成长"，仅仅有房屋、衣服是不够的，还要有绘画、刺绣，去寻找金子、象牙之类的装饰品，进一步，对于"健康的城邦"，还需要模仿形象与色彩的艺术家，需要音乐家、诗人、朗诵者、演员、合唱队、舞蹈队，需要制造各种家具和用品的人，特别是做女性装饰品的人。①

城市是国家形象的集中体现。从世界范围内看，国家形象往往与其最具代表性的城市形象有着紧密联系，法国的形象离不开巴黎、里昂的形象，意大利的形象离不开罗马、米兰的形象，巴西的形象离不开圣保罗、里约的形象，南非的形象离不开约翰内斯堡、开普敦的形象，因此，大城市形象与城市群形象对于国家形象具有重要影响。在一定程度上，代表性城市的形象就决定了所在国的国家形象的主要特征。

城市是民族文化的集中体现。从中华文明史上看，城市作为人口集中地、经济活跃地，往往成为文化繁荣地，从《清明上河图》中可以看到北宋时期都城汴京的繁荣，从北京的故宫博物院可以看到明清建筑的经典风格，而从其180余万件文物藏品中更可以看到中华文化艺术史的灿烂内容。

把握城市文化属性的意义在于，在推动城市发展时，既要发展城市经济、做好城市治理，让城市更有生产力、秩序感，也要发展城市文化、做好城市美化，让城市更有艺术性、文化感。在城市建设中，尤其要认真地与"丑"进行战斗，不能让城市有太多奇怪的建筑、太多现代的垃圾。

---

① 参见［古希腊］柏拉图：《理想国》，郭斌和、张竹明译，商务印书馆2017年版，第64页。

二、以文化创造推动城市的全面发展

城市的发展应是以人为本的，不应是以物为本的，应是以人民为中心的，不应是以资本为中心的，这些基本理念决定了文化创造对城市全面发展的重要意义。换言之，仅仅有生产力与秩序感的城市是不全面的，健康的城市还要有文化感与生活气，奇妙的城市还应是好看的、也是好玩的。

城市的发展要服务于人的全面发展，服务于人民的美好生活需求，而这些都要求城市提供高质量的文化设施、文化空间、文化活动，其主要目标是通过文化创造来提供高质量的精神性空间，让城市中的人获得快乐感、归属感，获得向上向善向美的力量。

没有文化感的城市让城市成为机器，让城市中的人成为机器上的零件，这是城市发展的异化，是城市对人的占有，资本对城市的占有，而不是人成为城市的主人，成为城市发展的受益者。事实上，人是城市发展的目的，而不仅是手段。城市应以自身的发展特别是文化发展为人创造更加自由、丰富的生活。如同马克思和恩格斯在《德意志意识形态》中对理想社会的设想，"有可能随自己的兴趣今天干这事，明天干那事，上午打猎，下午捕鱼，傍晚从事畜牧，晚饭后从事批判"[1]。那么，理想城市也应通过自己的文化创造，让城市中的人有可能随着自己的兴趣今天去博物馆，明天去美术馆，上午登山，下午沙龙，傍晚逛逛老街，晚饭后听听音乐会，这样的城市是全面发展的城市，是有内在魅力与持续活力的城市。

从中国的情况来看，"十四五"规划纲要明确要求，推进公共图书馆、文化馆、美术馆、博物馆等公共文化场馆免费开放和数字化发展。截至2020年年底，全国共有美术馆618个、博物馆5788家，所有的公共美术馆和90％以上的博物馆已实行免费开放。可喜的是，近年来，越来越多

---

[1] 《马克思恩格斯文集》第 1 卷，人民出版社 2009 年版，第 537 页。

的美术馆、博物馆通过延长开放时间、加快数字化建设、发展文化产业新业态等方式，增强吸引力，打造核心竞争力，以保障人民群众享有更加充实、更为丰富、更高质量的精神文化生活。① 从实际中看，博物馆、美术馆等已成为当代城市文化活动、文化消费的重要场所，一些重要博物馆、美术馆的展览都要通过限流来控制人数，足见当代文化需求的旺盛。

三、以城市文化创造力推动人类文明新形态

不同城市文明集成为国家文明，不同国家文明集成为人类文明。文化创造力强的城市，可以以自己的努力为国家文化建设作出更多贡献，让城市文明成为国家文明中的积极组成，进而为当代人类文明新形态的探索作出独特贡献。这是城市发展的大目标、大使命。

当代中国的发展已经让中国成为世界经济增长的主要贡献者，中国经济对世界经济增长的贡献率长期保持在30%左右居世界首位，中国的大企业数量在世界500强企业榜单中也居世界首位，现在，还需要中国文化对世界文化发展有更高的贡献率，在世界文化产品榜单中也应有更高位置。在这一进程中，中国的城市应该有更强的文化使命感，对于各级城市来说，不能仅仅考虑城市的经济贡献，以此作为城市发展战略与策略的主要依据，还要考虑城市的文化贡献，以此作为城市发展的新战略任务。事实上，对于当代中国发展来说，解决文化自信问题，更需要各个城市有文化自觉意识，担当起新时代城市发展的新使命。从国际经验看，许多国家的形象正是通过代表性的城市构建的，因此，中国的城市特别是大城市不能仅仅把城市 GDP 当作主要甚至唯一任务，而是要担当起更多的文化使命、传播责任。

我国城市的文化产业发展相对集中在京津冀、长三角、粤港澳等区

---

① 张芳曼：《文化力量浸润人心》，《人民日报》2021 年 12 月 15 日。

域。这些区域的文化产业群建设持续推进，有力推动了相关区域文化产业发展。2021年前三季度，东部地区实现营业收入64715亿元，比2020年同期增长22.5%，两年平均增长10.4%，高于全部文化企业平均水平0.4个百分点；占全国的比重为76.9%，比2020年同期提高0.5个百分点。从城市群看，沈阳、大连、长春、哈尔滨、南京、杭州、宁波、厦门、济南、青岛、武汉、广州、深圳、成都和西安等15个副省级城市实现营业收入27440亿元，比2020年同期增长22.9%，两年平均增长12.2%，高于全部文化企业平均水平2.2个百分点；占全国的比重为32.6%，比上年同期提高0.3个百分点。①

城市文化创造力体现在对城市历史文化的保护上，体现在对城市当代文化的创造上，体现在城市文化与世界文化的对话上。对于中国大量的历史文化悠久的城市来说，对于中国大量GDP很高甚至超过一些国家全国GDP的城市来说，不能再仅仅考量经济的持续增长问题，这已经不符合中国城市的时代定位，而是要考量城市文化、民族文化的持续发展问题，考量人类新文明的创造问题，以中国城市的文化创造贡献当代世界的文化发展。

城市的空间设计是有形载体与无形感受的集合。在城市文化创造中，要善于从本土的、日常的生活中发现创新的设计，要善于在城市大活动中培养大设计师。中华传统文化的特征是：简约、自然、意境，要把握这些特征来设计城市空间，而且要相信，有原创艺术性的空间一定会有显著经济性。中国城市的文化创造要推动建立文化多样性的现代化，而不是文化单一性的现代化。

一个伟大国家一定是有文化贡献的国家，一个伟大城市也一定是有文化贡献的城市。当代中国的城市发展走的是物质文明、政治文明、精神

---

① 《国家统计局社科文司高级统计师张鹏解读前三季度全国规模以上文化及相关产业企业营业收入数据》，见 http://www.stats.gov.cn/tjsj/sjjd/202110/t20211029_1823979.html。

文明、社会文明、生态文明协调发展的中国式现代化城市发展之路，是天人合一理念、城乡融合理念、共同富裕理念、文化传承创新理念指导下的城市高质量发展，这是当代中国城市文化创造力的底气和底蕴，只要有更多的中国城市能以更加自觉的姿态通过文化创造来推动城市发展，那么，中国城市的文化品质就会越来越高，而中国城市对人类文明新形态作出的贡献就会越来越大。

第二节　奇妙城市

一、奇妙城市的提出

"奇妙城市"的提出源于中国城市化进程的高速发展，千城一面的城市发展是有问题的，每个城市都要挖掘自身的文化基因，打造独特的文化形象，城市的奇特感、美妙感很重要。

国家统计局 2021 年 9 月刊发《第七次全国人口普查超大、特大城市人口基本情况》，据说明，城市的城区常住人口 1000 万人以上的城市为超大城市，城区常住人口 500 万人以上 1000 万人以下的城市为特大城市，从此次最新数据来看，超大城市有上海、北京、深圳、重庆、广州、成都、天津 7 城，特大城市共 14 座，包括武汉、西安、杭州、佛山等，其中，武汉已是"准超大城市"，距离超大城市的门槛不过 5 万人。[①] 这么多的人口聚集在城市中，聚集在大城市中，不看不知道，看了后发人深思，深思城市建设的问题。

北京、深圳城区的人口都超过 1700 万人，而上海城区的人口已经接

---

① 国家统计局：《第七次全国人口普查超大、特大城市人口基本情况》，《求是》2021 年第 18 期。

近 2000 万人。如此高密度的人口聚集，再加之超过 60% 且不断增长的城镇化率，对中国城市建设的质量、品位提出了越来越高的要求，也是越来越紧迫的要求。一个核心问题是：到底什么样的城市是好的城市？尽管如何评价好城市的标准是多维度的，但显然，"大"不意味着"好"。

城市不仅是人类生存聚集的场所，城市更是集中体现了人类文化与文明，承载了人们美好生活追求。中国的城市发展已经也必须进入一个崭新的阶段，突出变化在于：城市建设的重点从"盖房子"转变成"找乐子"。用学术语言说，城市不仅是物质性空间，更是精神性空间，而且后者的建设愈发重要。

"奇妙城市"的提出，就是源于对城市作为精神性空间的属性的认识。"奇妙"这两个字在汉字里具有丰富的内涵与特殊的魅力，说一个事物奇妙，蕴含的意味就是这个事物有着特别的吸引力。"奇妙城市"，顾名思义，奇特之城，美妙之城，这样的城市自然是与众不同的，是引人入胜的。

奇妙城市是能够激发好奇心的，也是可以找到快乐感的。这样的城市不仅是为了生产，更是为了生活。在这样的城市里，人不是原子化的堆积，而是有机化的融合；不是被动性的存在，而是主动性的乃至创造性的存在。简言之，奇妙城市是以人的自由全面发展为目的的城市。

二、奇妙城市的建设

奇妙城市的内涵与特征令人神往！那么，如何建设呢？从中外实践来看，关键在于以明确的文化视角而不是单一经济视角来看待城市建设，做到以文化创意赋能城市建设，以全新的文创理念来确定城市建设的着力点。

其一，建设城市的文化感。历史是城市最宝贵的文化元素。每个城市都有自己的历史积淀，许多城市中都留下一些历史的印迹，这些，都是城市宝贵的文化基因，要特别地予以保护与展示。笔者曾经在瑞士伯尔尼看到爱因斯坦住过的房子，标识牌上写着"爱因斯坦和家人1903年至1905年居住在此，在二楼提出了革命性的光量子理论"，也曾在法国巴黎看到周恩来总理年轻时住过旅馆的门口纪念浮雕，上面写着"周恩来1922年至1924年在法国期间曾经居住在此"。当时都是不经意间看到的，但看到的瞬间带给人的是无比奇妙的感觉，对所在城市的亲近感、尊敬感陡增。这些看似很久远的历史印迹，都是城市的文化基因，极其珍贵，可以带给城市无比奇妙的文化体验。

与此同时，艺术是展示城市当代文化气质的最好载体。城市的博物馆、艺术馆、美术馆、音乐厅乃至公共雕塑、咖啡馆、茶馆、书店、文创园区等文化空间，都体现了城市文化的当代感。对城市的文化感来说，博物馆尤为重要。博物馆是历史性的表现，也是现代性的表现。博物馆不是教堂，而是课堂，更是殿堂。在书店的建设中，要发挥书店的文化功能，更美丽、更融入、更互动。对于各种文化新空间，要善于建构新场景，基于审美、功能、互动，追求使用中的沉浸感、放松感、获得感。

除了文化空间，还要有文化活动、艺术活动，特别是基于城市文化基因与市民自发的文化活动。而城市的艺术演出、传统节庆、文化活动乃至街头艺人、民俗表演等都让城市的文化感十足，体现了城市的灵动之气。值得关注的是，在中国，城市的文化活动与乡村的文化活动不太一样，前者的现代感、时尚感会更强些，后者的传统性、习俗性更强些。这两种文化活动对于当代中国的文化发展来说都是需要的。

成都是一座有着特殊文化气质的城市，极具吸引力。2021年成都双年展共邀请了海内外272位艺术家参与，覆盖全球35个国家与地区。开展以来，展览举办地成都天府艺术公园变成"打卡胜地"，开启了一场民众与艺术亲密接触的盛宴。关于主题"超融体"，中国美术家协会主席、中央美术学院院长、总策展人范迪安认为"融"的核心理念旨在展现不同艺术观念、形态和艺术表现形式之间的交汇、交融，这种交汇和交融既构成斑斓绚丽的多重色彩，更是激活不同创造活力的能量，同时，"融"也象征着当代艺术创造与城市文化特色交相辉映产生的生机和繁盛。①

如今，中国各大城市普遍修建了地铁，地铁成为市民活动的重要场景，也成为传播城市形象的新文化空间。各地在推进地铁建设过程中，愈发注意修建很多具有创意感和艺术感的地铁站，以此来展示城市文化气息。这些艺术设计、创意理念都注意结合城市文化特质，不仅成为路上的中转站，也成为提升城市颜值、涵养城市文化底蕴的新窗口。比如北京地铁 8 号线天桥站，重现老天桥造型，成都地铁 3 号线和 7 号线换乘通道墙壁上，画满了金黄色的银杏风景，广州地铁 4 号线南沙客运港地铁站，制作了大船的造型。事实上，在人流量极大的城市空间进行艺术设计、创意设计，都会有效提升城市的文化感。

其二，建设城市的生活气。人对城市的归属感往往源于城市的生活气息，烟火气、市井气、人情味，会带给一座城市难以描述的奇妙感。近些年，笔者去澳门访问多次，这座城市不大，但美食众多，是全球美食之都，人情味浓浓，城市里的人们守望相助，对待外来的访问者也朴实热情。澳门虽小但具有很强的吸引力，小而美，小而暖，给予人的就是一种奇妙城市的感觉。

2021 年暑期，笔者带学生到澳门做了一周的文创产业发展实践课程访问，同学们收获满满，体验深深，写作了大量情真意切的文化随笔，拍摄了许多美好有趣的视频，尽管许多同学是第一次来到澳门，但会立刻把这座城市当作自己的"第二故乡"，这种对一座城市"一见钟情"的感觉岂不奇妙？事实上，万丈红尘最温暖，品质生活客自来，有本地人生活的城市空间、文创空间是最有吸引力、生命力与亲和力的。

城市治理理念的关键不在整齐，这是以物为本的；而在生机，这是以人为本的。城市的魅力就在于自然与生活。值得关注的是，一个有生活气的城市一定是可以用脚步丈量的城市，一定是可以让人与人在城市空间里

---

① 于园媛：《艺术融入城市——2021 成都双年展》，《光明日报》2021 年 12 月 26 日。

能够充分地、自如地交流的城市。有味道的城市不仅是用来"拍照"的，更是用来"漫步"的、"居住"的。奇妙城市可以有宽阔气派的"大街"，但更要有弯曲窄窄的"小巷"，后者更能产生奇妙的城市黏合力。在澳门，可以用脚步丈量城市，即便在法国巴黎，城市核心区也是可以用脚步丈量的，这种用脚步丈量城市的感觉对城市建设来说是极其重要的。

其三，建设城市的青春度。城市的活力来源于城市里青年人的聚集度与活跃度，一个拥有更多青年人的城市往往是有吸引力的，也是有创造力的。21世纪初，笔者曾多次到深圳调研这座城市的科技创新，得出的结论就是，"深圳是自主创新的热土"，因为这里有国内不同地方的青年人聚集，这里的青年人聚在一起创业创新，在创造新技术新产品中创造新财富。深圳就是一座极具青春度的城市。

2021年4月，笔者带学生到义乌调研，惊奇地发现这座城市也是一座妙不可言的城市，聚集了众多青年人而且是世界各地的青年人在这里创业创新，活力四射，魅力满满。义乌的"小商品城"的传统印象的确根深蒂固，但义乌的内在活力也生生不息。义乌的活力来自文化的多样与市场的发达。理解义乌这样的城市，不能仅仅去购物，还要去看乡村的国际创客，去看陈望道故居，去看地道的国际餐厅，走得越深入，对义乌的奇妙之处就体会得越深入。据统计，常住在这座城市的外国人数以万计。

更有趣的是，此次调研后，几位清华研究生被义乌吸引，决定在义乌创业，选择在义乌李祖村创造一个以咖啡馆为主体的文创新空间，取名叫"清妙空间——pure life 蒸馏器"。参与者有来自中国港澳台的学生，还有韩国学生、法国学生、意大利学生。清华大学从20世纪50年代起就鼓励学生"真刀真枪做毕业设计"，今天同学们在义乌"真刀真枪做文化创意"，这是因为义乌是一个可以实现"无中生有、点石成金"的奇妙城市，在这里可以帮助青年人实现许多看似疯狂的新想法。更有趣的是，这个想法从8月开始建设，10月启用，12月就成为义乌咖啡馆排行榜上排名第一的选择。

当代城市中，青年已经成为家庭以及社会的意见领袖。提高城市的青春度，不仅能提高城市的吸引力，也能提高国家的青春度。值得注意的是，在青年人的文化力量建设中，要推动两个转变：从表面的文化认知转变为深层的文化自觉，从形式的创意转变为价值的挖掘。

其四，建设城市的传播力。当代社会是一个媒介化社会，也是一个颜值化社会。在一定程度上，颜值即正义，传播即力量。城市颜值对奇妙城市建设来说不是可有可无的小事，而是关乎城市持续发展、资源聚集的大事，更是关乎城市开放度、美誉度乃至中国国家形象建设的特大之事。对奇妙城市来说，要有战略传播之观念，创意传播之能力，方能推动城市大放光彩。

2021 年年初，城市人文旅游纪录片《奇妙之城》播出，片子探访了贵阳、重庆、厦门、西安、克拉玛依、青岛六座城市，是一个有趣的城市创意传播。尽管笔者出生与成长在西安，看了这部片子，才知道西安还有那么美妙的现代秦腔与脱口秀，激发了一种"陌生的熟悉感"。环境是熟悉的，内容是陌生的。2019 年，星球研究所、中国青藏高原研究会编著的《这里是中国》一书推出，这是一本展示中国自然之美、人文之美的大书，其格局之大、用情之深、图片之美、文字之精令人称赞。许多图片美得令人窒息，必须停下目光注视许久。有趣的是，在这本书中介绍的城市亦有西安，让人看到了历史上"一座神一样的城市"，又激发了"陌生的熟悉感"。

城市文创产业的发展目标是为市民和游客提供便捷、高效的文旅服务和体验，传播城市文化形象，激发人对城市文化的兴趣与喜爱，进而去探访与挖掘城市的文化感。在这个过程中，文化与科技的深度融合至关重要，有利于满足人们多样化文化需求，同时也为科技创新提供方向引领和智慧源泉，让文化在数字经济时代大放光彩。

伴随着人工智能技术的兴起，城市文旅智能化时代已经到来，数字化资源成为当代文化旅游领域新的核心资源。文旅知识图谱作为城市文旅数字资源的集成，把握全球人工智能发展新趋势，成为推动文旅产业智能化的建设之基。为此，2021 年，清华大学文化创意研究院联合清华大学计算机系、南海区人民政府推出南海数字文旅知识图谱项目，通过先进的知识图谱技术对多年来进行了系统性挖掘整理的南海区历史文化资源进行数字化、知识化、平台化加工，以打造服务于本地文旅融合场景需求的新型城市文旅知识工程，希望对南海的文化资源进行深度整合、聚合再造、价值挖掘，并催生出新的服务需求，不断开拓文化旅游发展新空间。

中国城市的奇妙之处太多了，但人们往往都是"故乡的陌生人"与"传统的过路人"，习以为常，日用不知，而通过广泛的、主动的创意传播，可以激发起更多人对中国城市、中国文化的兴趣与喜爱，进而去探访与发现。中国的文化是深厚的，中国的城市是多样的，中国的活力是无限的，期待奇妙城市的观念能够为当代中国发展提供崭新的视角与动力，也能够创造性地传播当代中国的可爱与可敬，让中国的奇妙绽放出无尽的魅力。

三、老城区的更新

老城区更新是目前城市更新中的一种普遍性的现象，如何理解这种"以旧变新"，在城市更新中具有基础性意义，在奇妙城市打造中具有关键性意义，因为老城区体现了一个城市的历史积淀、文化基因，某种意义上说，是城市的精神灵魂所在、奇妙基因所在。

老城区的更新，应主要体现在两方面，一是新在更加清洁上，换言之，老城区可以老旧，但不能脏乱差，要有干净、整洁的面貌；二是新在更有活力上，换言之，要让老城区焕发新的生命力，要与现代生活接轨。如果把老城区比作一个人，那么前者是容颜的"新"，后者是身体的"新"。

西安的老城区更新比较有典型性，特别是大雁塔下的老街区。这个大雁塔是唐朝时期玄奘法师从天竺取经回来修建的建筑，用来存放经文、佛像等，距今 1300 多年历史，之前的老街区是拥挤的、陈旧的、甚至有些脏乱的，但在城市更新中，对大雁塔附近的老街区进行了改造，变得更加清洁、有序，进而延伸拓展了"大唐不夜城"街区，成为现在西安最具人气的文旅目的地。

澳门的历史文化街区更新也有典型性，作为中西文化融合的典型城市，澳门对自己的老城区很重视，比如花王堂区的改造。这里是澳门人口密度最高的一个区，从 16 世纪开始就有葡萄牙人在此居住，老建筑很有特色，著名的大三巴牌坊就在此区内。最令人称道的是一条"恋爱巷"的改造，这条小巷连接了大三巴和花王堂，花王堂又称圣安多尼教堂，圣安多尼是天主教中掌管姻缘的天使。整个巷子的老建筑进行了整修、清洁，大多具有新古典主义风格，简洁典雅，以粉红色和浅黄色为主，巷子中再配上电影院、咖啡馆等，极具南欧小镇风格，也是现在当地人和外来游客最爱去的地点之一。

老城区更新既要延续市井生活的烟火气，又要为当地居民提供一种新的生活方式。这种更新一定要保持"生活气"，这是极其重要的原则。所谓"生活气"，一方面，要有当地居民的存在，让当地居民能够自如地生活在其中，不因城市更新改造而被排斥；另一方面，更新后的街区内容要有市井生活，吃喝玩乐游购娱等内容要体现在其中，要能让人找到城市的快乐，体会到与老街区的融入感和亲近感。特别要注意的是，城市更新的关键不在整齐，这是工具主义的；而在生机，这才是人文主义的。

四、打造全球奇妙城市

以文创赋能中国城市发展，打造一大批奇妙城市，是提升中国国际影响力的重要途径。在此过程中，能够打造出几个具有世界文化多样性的全球奇妙城市，是更高的目标。这其中，澳门作为一座极特殊的城市，具有成为全球文创发展新高地、全球奇妙城市的极大潜力。

值得欣喜的是，澳门自身意识到了文创对城市发展的重要性。在澳门回归祖国 21 周年之际，在澳门中联办与特区政府的支持下，澳门各界发起成立了澳门自强文创智库，这是为澳门回归日献上的一份礼物，也是为澳门持续发展提供的一个新引擎。

近些年，笔者多次访问澳门，形成的印象是，澳门虽小但具有很强的吸引力，小城故事多，小城魅力大，因为这里的文化特质、城市气质，因为这里的人。澳门具有"小而美"的文化特质。从16世纪初葡萄牙人最早来到澳门，就开启了澳门中西文化交汇的500年历程，因此，澳门的文化是中华的底色，世界的多彩。笔者曾参加了"澳门新八景"颁奖活动，深深领略了澳门的多彩之美，在澳门，语言、美食、演艺、建筑、习俗等，都充分体现了当代世界的文化多样性。

澳门具有"小而暖"的城市气质。城市是由人组成的。接触澳门的人，不论是精英人士还是普通市民，感觉他们很朴实、很温和，待人真诚，乐于助人。记得有一年来澳门，在一家小食品店——安德鲁蛋挞店外，笔者与当地的一位老者聊天，我们看着海，淡淡地谈着他的退休生活和日常起居，当时的温暖场景与他对澳门的浓浓情感让人记忆犹新。

"小而美""小而暖"的澳门，充满了独特魅力，使得澳门成为中华大地上独特的文化高地。要找到新途径，把澳门的"文化高地"变成"文创高地"。

推动澳门成为探索文旅新业态的新高地。澳门已经是全球美食之都，有如此众多的米其林星级餐厅，还可以在美食的基础上开发更多的文旅内容，以创意美食、世界美食、美食文化作为澳门文旅的新亮点，把澳门打造成全球美食旅行之都。与此同时，澳门有如此多的世界顶级酒店和展演项目，未来可以成为全球时尚之都、全球演艺之都、全球展会之都。

推动澳门成为发展数字文化产业的新高地。近些年来，基于数字技术的文化产业发展迅猛，特别是新冠肺炎疫情以来，云演出、云展览、云教育等文化消费活动迅速发展，非接触、数字化的线上文化消费成为普遍方式。数字文化产业发展对于澳门这一物理空间小而集聚资源能力强的城市来说，无疑是具有特殊意义的产业方向。而澳门的社会信息传播架构与多元文化特色，更是让澳门比内地城市具有更多全球范围内的数字文化产业发展空间。

推动澳门成为培养国际文创人才的新高地。当代文创人才需要文化使命感，也需要文化创造力。这种创造力来自中华文化的根基，也来自世界文化的眼光。澳门融合中西文化 500 年的历史底蕴，天然地成为复合型国际文创人才培养的良好土壤。今后，可以下大气力引进世界一流教育培训资源，立足澳门，辐射粤港澳大湾区、大中华区乃至世界，培养世界一流的文化创意人才。

自强不息，文创助力。文化创意是当代经济社会中具有广泛渗透性与强大内生力的发展引擎，可以助力澳门打造全球文创发展新高地和中华文化传播新高地，更可以助力澳门成为全球奇妙城市。这不论对于澳门还是对于国家来说，都是大有裨益的。

中国的城市发展进入了崭新的阶段，在民众的物质性需求得到不断满足的同时，精神性需求日益增长，且更加旺盛与急迫。如何让城市更有欢乐感、更有归属感成为城市发展的重要任务。奇妙城市概念的提出是一个愿景和希望，期待中国的城市建设更加奇特和美妙，实质是更加多样性和人文性。

当代中国文化发展中，城市居于重要位置，城市的更新需要文化赋能，城市的文化辐射力可以形成对国家文化发展的带动性。奇妙城市的概念是希望提出当代中国城市发展的新目标，以更加多彩的城市新气象来建设中国的庞大城市群，形成中国的国家新形象。

第三节　城市主题公园

一、主题公园的文化产品属性

在当前的中国城市发展中，主题公园建设成为热点，遍布各个城市的主题公园数以千计、大小不一、苦乐不均。从国内外主题公园建设的经验和教训来看，主题公园对于城市形象、城市活力、城市气质都有重要影响，是城市建设中的重要抓手。正因为如此，仅仅以为有钱就能建好主题公园的想法是错误的，而仅仅以为能赚钱就是好的主题公园的想法也是错误的，主题公园的建设要遵循一些基本原则和规律，才能对城市发展产生正向作用，才能建设更多彩的奇妙城市。

要把握主题公园的文化产品属性，考量其文化价值的内涵与影响，有利于增强城市的文化感。主题公园不仅仅是投资产品，也不仅仅是娱乐产品，更重要的，是文化产品。为此，主题公园的建设要从多维度进行价值评估，单一的经济维度、投资可行性分析是远远不够的，而是要把握主题公园的文化属性，分析其文化价值，评估其文化影响，把文化维度的考量摆在更优先的位置上。

对主题公园的建设，要放到城市发展的文化形象树立、文化品质建设的大背景下来考量，更要放到国家文化发展的战略目标下来考量。根据"十四五"规划和2035年远景目标纲要，中国要用15年左右的时间建设成文化强国，推动中华文化影响力进一步提升。主题公园文化属性的突出体现就在于挖掘中华文化元素，彰显中华文化影响力。要让中国的文化IP成为主题公园中最活跃的内核，同时要让主题公园成为打造中国文化IP的重要手段。

主题公园作为城市文化设施，要深度融入城市的文化发展中。每个奇妙城市都有自己独特的文化气质和文化资源，主题公园的建设应该与城市确立的文化气质一致，与城市拥有的文化资源关联，真正成为城市文化的有机组成，成为最具显示度、活跃度的城市文化细胞。要建立文化多样性的主题公园生态，而不是文化单一性的主题公园生态。

二、主题公园的正外部性

主题公园的体量较大，其外部性影响往往也较大，因此要坚持正外部性的原则来考量相关项目的建设，考量其经济带动性与社会、环境等综合效应，有利于增强城市的发展活力与舒适度。主题公园的运营往往会产生较大的经济收益，但一枝独秀不是春，仅仅看主题公园自身的经济指标还是不够的，还应考量其对城市相关产业的带动性。因此，城市在推动主题公园建设时，应与运营方就供应链、配套服务业等发展一揽子考虑，才能让主题公园成为城市的内生活力源。

与此同时，由于主题公园一般都占地较大，人流量较大，在建设主题公园时还要考量其对交通、社区等的影响，这些非经济指标尽管不可完全量化，但对城市居民的生活便利性、舒适度都会产生影响，假设一个主题公园带来周边道路长期拥堵，就是明显的负外部性。

值得重视的是，主题公园建设中，动辄数百亩、数千亩的大面积占地也会对区域环境产生较强影响，这就要求在主题公园建设时，要综合考量地理、气候、植被等多种因素。

三、主题公园的社会企业属性

主题公园是给城市带来欢乐的场所，这种欢乐感是属于少数人的还是多数人的，体现了其自身定位，也影响城市的内在氛围。如果仅仅为了增加主题公园经济收入，可以一味提高价格门槛，服务少数高收入人群，而如果为了推动欢乐共享普惠，服务最大多数人，就需要进行运营政策上的策略设计，既能保证公园运营的品质，又能让更多的普通民众享受到公园的服务。

要把握主题公园的社会企业属性，考量其公共服务能力，有利于增强城市的欢乐感与人情味。主题公园的运营主体不能把自身仅仅定位为商业企业，事实上，由于主题公园在土地占有、政策配套上获得的巨大支持，更应该把自身定义为社会企业。所谓社会企业，就是以社会利益为目标、以商业机制为手段的企业。作为社会企业的主题公园应该评估其运营对社会利益的影响、对城市幸福感与民众欢乐感的影响。

同时，在主题公园的具体运营细节与企业文化上，要特别强调提升人情味，增强人文关怀，让游客在游园中获得精神的愉悦与身心的放松。事实上，好的主题公园可以通过自身的服务来缓解城市的竞争性与焦虑感，带来城市的凝聚力和舒适度。

四、主题公园的传播性

主题公园的娱乐性、话题感较强，是大众媒体、社交媒体喜爱的内容，这使得主题公园具有极强的传播性，在一定程度上成为所在城市的标志性文化符号，因此，在选择主题公园的建设时，就要考量主题公园与城市形象的契合度，以增强城市品牌的传播力。中国的城市千姿百态，各有特色，先要把自己的城市形象特色明确，再把握主题公园形象的特点，对两者进行比较分析后确定如何建设契合城市形象的主题公园。

具体来说，如果是生态型城市，就打造生态文化主题公园；如果是传统文化古城，就打造传统文化主题乐园，不要一窝蜂引入国际资本、国外品牌的主题公园，而是要让主题公园服务城市文化特质体现中华文化创造力。主题公园的"主题"应该是城市形象、城市品牌、城市文化底蕴的内在组成，而不是外在附加，更不应形成冲突。

大型主题公园往往成为全球传播焦点，为树立良好城市形象、国家形象提供机会。在主题公园运营过程中，要将传播作为运营的战略组成而不是辅助部分，换言之，对主题公园的传播要有明确的目标感、整体性，而不能是零散的、被动的，这一传播战略要符合城市形象建设目标，尤其要避免形成争议性的形象。

在中国进入新发展阶段后，高质量发展、高品质生活为主题公园发展提供了极好的历史性机遇，而要抓住这一机遇，就要避免低水平建设、文化性盲区，在建设中把握基本的规律和原则，其关键在于坚持系统思维与人文视角，摒弃"唯经济指标论"，让主题公园有机地融入城市发展，成为城市温度、活力与形象的来源，为城市发展提供内生的、持续的、人文的动力。最重要的是，让城市的主题公园成为提升中华文化创造力、增强中华文化影响力的强大载体。

第六章 数字文创

数字时代是当代社会发展中的突出特征，文化科技融合是当代文化产业发展中的突出特点，数字文创则是当代文化发展中的最突出亮点。不进入数字世界的文化内容是边缘的，而没有文化内容的数字世界则是乏味的。在资本与科技创新的推动下，数字文化产业成为当代最具显示度的文化现象，而把握这种现象背后的规律，做到既适应又引领，成为数字时代具有人文感的创造者至关重要。

第一节 文化科技融合

2020年9月，习近平总书记到马栏山视频文创产业园考察。这个产业园以数字视频创意为龙头，汇集了各类文创企业3000多家。在考察中，习近平总书记指出，文化和科技融合，既催生了新的文化业态、延伸了文化产业链，又集聚了大量创新人才，是朝阳产业，大有前途。谋划"十四五"时期发展，要高度重视发展文化产业。①

随着新一轮科技革命和产业变革兴起，网络技术、数字技术、智能

---

① 《在推动高质量发展上闯出新路子　谱写新时代中国特色社会主义湖南新篇章》，《人民日报》2020年9月19日。

技术、大数据技术等高新技术全面渗透到文化内容的创作、生产、传播、消费的各个层面和环节，加速了文化生产方式变革，推动了文化新业态的出现，成为当代文化发展的强大引擎和不竭动力。在文化科技深度融合的时代，文化科技创新能力已经成为国家科技创新能力的重要组成部分，以"硬核技术"支撑国家文化软实力提升，成为当代中国文化发展中的重要趋势。

根据《文化部"十三五"时期文化科技创新规划》确定的目标，全面推进科技融入文化领域，信息网络、智能制造、虚拟现实、大数据、云计算、物联网、3D 打印等高新技术的应用更加广泛，文化领域科技创新水平显著提高。全面提升文化企业科技创新能力，文化企业作为市场主体和技术创新主体的地位得到加强，创意创新活动更加活跃，在自主知识产权和核心竞争力等方面有明显进步。全面支持文化创意融入实体经济，发挥文化科技引擎作用，促进文化创意与消费品工业、装备制造业、建筑业、信息业、旅游业、体育业和特色农业等行业融合发展，赋予实体经济更丰富的文化内涵，有效提升经济发展质量。与此同时，着力实施文化创新、文化科技重点研发、文化大数据、文化装备系统提升、文化标准化、文化科技成果转化等重点工程。

数字文化产业是当代文化产业发展中最具显示度与增长性的新业态，体现了文化科技融合的力量，体现了数字时代的创意与生活。2020 年，文化科技融合的进程被新冠肺炎疫情按下加速键，众多依托实体场景的文化企业、文化产品在被动中进入互联网，却发现了一个值得主动开拓的新空间，这使得原本就在快速发展的数字文化产业进一步加速增长，提升规模，实现了显著效益。

根据国家统计局的数据，2021 年前三季度，文化新业态特征较为明显的 16 个行业小类实现营业收入 28322 亿元，比 2020 年同期增长 26.1%；两年平均增长 24.0%，高于全部文化企业平均水平 14 个百分点；对文化企业营业收入增长的贡献达到 38.9%。新业态特征明显的 16 个行业小类是广播电视集成播控，互联网搜索服务，互联网其他信息服务，数字出版，其他文化艺术业，动漫、游戏数字内容服务，互联网游戏服务，多媒体、游戏动漫和数字出版软件开发，增值电信文化服务，其他文化数字内容服务，互联网广告服务，互联网文化娱乐平台，版权和文化软件服务，娱乐用智能无人飞行器制造，可穿戴智能文化设备制造，其他智能文化消费设备制造。其中，可穿戴智能文化设备制造、互联网广告服务2个细分行业营业收入两年平均增速分别为54.0%和37.0%。[①] 在文化产业保持良好发展态势的背景下，具有新科技特征的文化新业态显然具有更加旺盛的生命力。

当代文化科技融合的最突出特征是数字产业化和产业数字化的发展趋势，基于文化产业数字化方向，新型文化企业、文化业态、文化消费模式不断出现，文化产业全面"上云用数赋智"，线上线下深度融合，优质数字文化产品供给不断增加，数字文化产业的新产品、新业态、新模式不断涌现，新特征、新逻辑、新格局轮廓渐显。

基于对文化科技融合的特征、现状和趋势的研究，清华大学文化创意发展研究院联同腾讯研究院、腾讯5G生态计划在2020年8月共同发起"探元计划2020"，征集并遴选文化科技融合领域的优秀企业案例，探索创新路径，凝聚行业共识。无论是从"探元计划2020"案例企业的自主探索，还是我国国家战略的外在引导，以及全球文化竞争格局的升级要求，项目组认为文化科技融合都在"百年未有之大变局"的形势下具有更为深远的意义——文化与科技将交织构成一个国家综合实力的有机整体，文化经济将与数字经济发生化学反应，中华民族的深厚文化遗产和文化资源将被当代科技激活，文化将在科技的助力之下成为推动国家与民族发展的不竭动力，大国的文化底色将愈加彰显。由此，2021年3月项目组提

---

① 《国家统计局社科文司高级统计师张鹏解读前三季度全国规模以上文化及相关产业企业营业收入数据》，见 http://www.stats.gov.cn/tjsj/sjjd/202110/t20211029_1823979.html。

出了《文化科技融合 2021 迈向数字文化经济时代》的报告。基于对当前文化科技融合的发展水平、外在环境和内在模式的研判，报告提出文化科技融合进入"数字文化经济"时代的论断。

该报告认为，在四大因素驱动下，开启了文化科技融合的数字文化经济新时代大幕。一是政策红利叠加，文化科技融合成为建设文化强国的关键路径，最高领导人对文化科技融合的高度肯定，"十四五"规划纲要明确 2035 年我国建成文化强国的目标，要"实施文化产业数字化战略，加快发展新型文化企业、文化业态、文化消费模式"，标志着我国文化与科技融合发展进入新的历史阶段。这是我国构建"以国内大循环为主体、国内国际双循环相互促进"的新发展格局提出的时代要求，也是我国数字文化产业发展现状和产业升级的必然趋势。

二是环境深刻变局，疫情加速重构文化产业的虚实结构。2020 年，新冠肺炎疫情为物理世界按下暂停键，同时也为数字世界按下加速键，文化行业尤其如此，文化产业的虚实结构"肉眼可见"地发生重构。疫情期间，传统的线下文化消费受到抑制，给传统文旅行业、影院等线下实体文化产业形成了巨大冲击。大众对于线下文化娱乐服务的需求线上化，推动逆向 O2O（Offline to Online）发展，引发"云上文化"热议。

三是科技并行迭代，新基建布局加速文化产业全链条革新。2020 年，新基建政策出台，5G 网络、人工智能、数据中心等网络、技术和算力基础设施建设加快进度，将共同推动文化产业在生产、流通和消费、管理与监测的全链条革新。文化与科技融合构建了一个复杂交织的系统，技术的经度和文化产业的纬度相互交织，在不同的应用场景之间，形成一个覆盖全要素、全过程、全周期的"经纬图"。未来，伴随文化科技融合的持续深化，更多的技术门类、应用场景都将以非线性的复杂形式加入二者的耦合之中，产生更多元丰富的产品、服务乃至产业类别。

四是文化内涵丰富，生活方式商品化超越单一的 IP 模式。在文化科技融合的发展历程中，文化科技的融合曾经一直是文化扮演"IP 库"的角色，科技扮演"工具"的角色，其融合是利用科技的手段向文化资源、文化创作寻求"IP"，并具象呈现为其他符号载体。但近年来文化与科技融合呈现"超越单一的 IP 模式"趋势。一方面，IP 的迁移和开发，不仅在文化产业内部，更加在文化产业外部找到极大的市场空间和变现可能；另一方面，"超越 IP"意味着 IP 泛化为一切可以识别和定位，可以营销和授权，能够在不同场景进行迁移和转化的品牌、符号甚至人物或场所。文化科技融合的场景特性撬动众多以生活方式场景、消费方式场景、生产方式场景为内核的文化 IP，所涉范围同样已经显著地超越"传统文化产业"。

本报告基于崭新的文化科技融合产业实践，对数字文化经济的概念、特征、表现、趋势与价值等进行了系统分析，展现了学界与业界研究者的敏锐性与前瞻性，对于推动中国文化产业高质量发展给予了展望与引导。

从实践中看，文化科技融合带来数字文化产业的快速发展，催生了文化科技融合的数字新基建形态。国内各大互联网企业都在积极推进各种数字技术与文化产业的结合，产生了许多新的文化形态，让数字技术助力文化产业高效发展。

在电影行业，数字技术的应用场景体现在数字化制作等环节。以数字资产为核心，通过数字化技术结合虚拟呈现代替传统影视制作所需的置景、道具、化妆、灯光等元素，来降低影视制作的资源消耗。阿里文娱的数字化解决方案，一方面向行业输出技术能力和数据，帮助更多的硬件合作伙伴实现从民用和商用产品到数字制作专业化产品的转型。另一方面，利用自身的数字基础设施，整合国内数字制作合作伙伴的资源，形成生态效应，带动上下游生态合作伙伴共同发展。通过 LED 屏幕播放数字资产来代替传统绿幕合成，可以快速、简便地应用到棚拍的窗外中远景和车戏当中。以一部 40 集，投资过亿元的项目为例，拍摄周期缩短 10 天，后期制作缩短 45 天，可以节约 10%的预算。这样，每年至少可节省制作预算数亿元。①

---

① LED 虚拟动态案例由阿里研究院文化产业研究中心提供。

在演出行业，数字技术的应用场景体现为"无纸化"售票等环节。2019年，大麦自主研发的"无纸化"电子票技术亮相：多功能型闸机核验入场，双向进出设计，人均1秒以内完成核验，整体入场速度较纸质票提升2倍。"无纸化"是帮助演出行业数字化改造的有效手段，通过技术不断升级，物联网、智能硬件等技术投放，克服了无纸化技术难点，做扎实了网络基础设施建设。比如解决了基础网络目前4G技术在人群密集的时候，所有场馆周边的基站会瞬时打满，观众手机会出现信号传输不足的问题。无纸化也给用户带来增值服务。纸质票不会告诉观众场馆信息，比如实时反馈场馆各个入口的人流状况，哪个门现在是人流峰值，但是无纸化后大麦客户端可以提醒、指引用户观演。同时，无纸化可以将大麦"入口"接入其他业务中，比如场馆入口附近哪里有便利店、餐厅、停车场的方位，阿里旗下的高德会统统告诉大麦用户。从客户的角度看，无纸化后用户可以得到比纸质票时代更多的帮助和增值服务。

与此同时，无纸化可以最大限度地从源头防范"黄牛"倒票，因为电子票无法复制，无纸化可以做到完全实名制入场，线上购票一定是真实的用户，入场也一定是真实用户，因为有人脸识别，别人无法替代和冒充。在交易层面，大麦通过安全技术，通过大数据手段实时监控抢票数据，准确判别"机刷""人肉代刷"等"黄牛"行为，从交易端的源头进行控制。[1]

在文化科技深度融合的趋势下，如何建设文化和科技融合特色产业集聚公共服务平台成为重点任务。这一平台的主要任务，要面向政府、园区、企业、人才、金融、产业、市场、基地等不同群体需求，运用大数据、云计算、人工智能、区块链、虚拟现实、5G等新一代数字技术，为文化科技融合特色明显的文创产业集聚发展提供平台支撑，形成良好的生态。这一平台的主要内容包括：汇聚行业发展数据，实现对产业、园区整体情况的全面与实时检测分析，辅助政府、园区、企业及时掌握发展趋

---

① 大麦"无纸化"电子票技术案例由阿里研究院文化产业研究中心提供。

势、动态信息；通过 AR/VR 等技术，基于场景式可视化展示手段，实现各类文创产品的互动化传播、沉浸式体验展示，提高文创产品的数字化推广效果；基于文创产品的特殊性，开发相关工具，建立交易机制，解决文创产品的数字化确权、维权、溯源等问题。

2021 年 12 月，由清华大学文化创意发展研究院与中国外文局海豚出版社共同举办的"2021·中国节日创意大赛"颁奖典礼举行，推出了"节日星球"数字交易平台。这一平台基于全球共享节日人文的内涵而诞生，力求为优秀创作者提供全方位的数字产品服务，打造人人都能参与的 NFT（非同质化代币）生态。该服务平台依托深耕设计、艺术领域所积累的行业经验及先进的区块链技术，不仅为创作者提供数字资产的版权保护、自由流通、品牌塑造等增值服务，同时为收藏爱好者提供购买、收藏、投资、升值的便捷服务。此外，也为兴趣玩家提供沉浸体验、社群娱乐、衍生产品交流的社区服务。在当天的颁奖活动中，有四位获奖者将自己的作品版权捐献出来，依托"节日星球"数字交易平台进行了作品的公益拍卖，《七夕字体动态设计》《呓语清明》《自然入诗》《月光诞》等作品共计获得 71884 元的公益拍卖款项，拍卖所得款项将通过有关基金会捐赠给山区小学。

从"节日星球"设计的 NFT 铸造系统来看，操作很方便，认证成为"节日星球"签约艺术家后，只需将自己的作品上传至平台，审核通过后即可在平台上自由铸造、售卖和交易数字藏品。艺术家和藏家无需了解区块链技术，无需开通自己的数字钱包，即可在平台上自由交易。创作者的作品在登录"节日星球"后，会在国际公链上进行铸造，生成唯一的 NFT。NFT 艺术品的每一次交易、授权、应用，都会产生一个不可复制、不可篡改的去中心化数据，确保交易安全，权属清晰。在文创实物的开发上，应用区块链 NFT 技术进行存证，确保实物产品的唯一性和稀缺性，可以不断提升产品的收藏价值。

事实上，类似的文化科技服务平台可以提供专业的数字藏品推广及

IP 孵化服务，根据艺术家风格、作品主题等类别进行分布式智能推广。同时，可以与高校、画廊、拍卖机构深度合作，不定期举办论坛、展会等推介活动，为艺术品不断赋能。此外，凭借行业领先的艺术衍生品开发经验，平台可深度挖掘艺术品的衍生价值，实现艺术品价值的最大化，以先进的数字化技术、不断完善的运营机制，打造多元共赢的数字版权内容运营生态圈，为创作者、艺术家、设计师、机构、收藏者、爱好者架起桥梁。

第二节　数字文化产业高质量发展

一、《关于推动数字文化产业高质量发展的意见》

2020 年 11 月，文化和旅游部发布《关于推动数字文化产业高质量发展的意见》，成为指导当代数字文化产业发展的重要文件。这个文件写得很好，对行业发展有着全面把握，也具有较强的针对性和指导性，从中可以看出当代中国数字文化产业发展的方向、原则与重点。

根据该文件确定的我国数字文化产业高质量发展目标是：数字文化产业规模持续壮大，产业结构不断优化，供给质量不断提升，成为激发消费潜力的新引擎。产业基础设施更加完备，支撑平台更加成熟，创新创业更加活跃，市场秩序更加有序，治理能力不断提升，创造更多新就业形态和新就业岗位，形成适应新技术新业态新消费发展、产业链上下游和跨行业融合的数字化生产、流通、消费生态体系。文化产业和数字经济融合发展迈向新阶段，数字化、网络化、智能化发展水平明显提高，形成新动能主导产业发展的新格局，数字文化产业发展处于国际领先地位。

该文件中对于培育数字文化产业新型业态的方向、路径、重点等阐释得非常清晰，是推动当代数字文化产业研究与实践的重要依据。具体内

容如下：①

（十）促进优秀文化资源数字化。对文化资源进行数字化转化和开发，让优秀文化资源借助数字技术"活起来"，将所蕴含的价值内容与数字技术的新形式新要素结合好，实现创造性转化和创新性发展。支持文化场馆、文娱场所、景区景点、街区园区开发数字化产品和服务，将创作、生产和传播等向云上拓展。支持文物、非物质文化遗产通过新媒体传播推广，鼓励线下文艺资源、文娱模式数字化，创新表现形式，深化文化内涵。鼓励依托地方特色文化资源，开发具有鲜明区域特点和民族特色的数字文化产品，助力扶贫开发。

（十一）深化融合发展。以数字化推动文化和旅游融合发展，实现更广范围、更深层次、更高水平融合。加强数字文化企业与互联网旅游企业对接合作，促进文化创意向旅游领域拓展。推进数字文化产业与先进制造业、消费品工业、智慧农业融合发展，与金融、物流、教育、体育、电子商务等现代服务业融合发展。发展品牌授权，提升制造业和服务业的品牌价值和文化价值。促进数字文化与社交电商、网络直播、短视频等在线新经济结合，发展旅游直播、旅游带货等线上内容生产新模式。推动数字文化产品和服务在公共文化场馆的应用，丰富公共文化空间体验形式和内容。

（十二）发展平台经济。深入推进"互联网+"，促进文化产业上线上云，加快传统线下业态数字化改造和转型升级，培育文化领域垂直电商供应链平台，形成数字经济新实体。鼓励各类电子商务平台开发文化服务功能和产品、举办文化消费活动，支持互联网企业打造数字精品内容创作和新兴数字文化资源传播平台，支持具备条件的文化企业平台化拓展，培育一批具有引领示范效应的平台企业。

---

① 《关于推动数字文化产业高质量发展的意见》及其解读来源于文化和旅游部网站。

鼓励互联网平台企业与文化文物单位、旅游景区度假区合作，探索流量转化、体验付费、服务运营等新模式。引导"宅经济"健康发展，鼓励线上直播、有声产品、地理信息等服务新方式，发展基于知识传播、经验分享的创新平台。

（十三）培育云演艺业态。推动5G+4K/8K超高清在演艺产业应用，建设在线剧院、数字剧场，引领全球演艺产业发展变革方向。建设"互联网＋演艺"平台，加强演艺机构与互联网平台合作，支持演艺机构举办线上活动，促进线上线下融合，打造舞台艺术演播知名品牌。推动文艺院团、演出经纪机构、演出经营场所数字化转型，促进戏曲、曲艺、民乐等传统艺术线上发展，鼓励文艺院团、文艺工作者、非物质文化遗产传承人在网络直播平台开展网络展演，让更多青年领略传统艺术之美。培养观众线上付费习惯，探索线上售票、会员制等线上消费模式。提高线上制作生产能力，培育一批符合互联网特点规律，适合线上观演、传播、消费的原生云演艺产品，惠及更多观众，拉长丰富演艺产业链。

（十四）丰富云展览业态。支持文化文物单位与融媒体平台、数字文化企业合作，运用5G、VR/AR、人工智能、多媒体等数字技术开发馆藏资源，发展"互联网＋展陈"新模式，打造一批博物馆、美术馆数字化展示示范项目，开展虚拟讲解、艺术普及和交互体验等数字化服务，提升美育的普及性、便捷性。支持展品数字化采集、图像呈现、信息共享、按需传播、智慧服务等云展览共性、关键技术研究与应用。推进文化会展行业数字化转型，引导支持举办线上文化会展，实现云展览、云对接、云洽谈、云签约，探索线上线下同步互动、有机融合的办展新模式。

（十五）发展沉浸式业态。引导和支持虚拟现实、增强现实、5G+4K/8K超高清、无人机等技术在文化领域应用，发展全息互动投影、无人机表演、夜间光影秀等产品，推动现有文化内容向沉浸式内容移植转化，丰富虚拟体验内容。支持文化文物单位、景区景点、主题公园、园区街区等运用文化资源开发沉浸式体验项目，开展数字展馆、虚拟景区等服务。推动沉浸式业态与城市公共空间、特色小镇等相结合。开发沉浸式旅游演艺、沉浸式娱乐体验产品，提升旅游演艺、线下娱乐的数字化水平。发展数字艺术展示产业，推动数字艺术在重点领域和场景的应用创新，更好传承中华美学精神。

（十六）提升数字文化装备实力。瞄准数字文化领域关键核心技术装备，实现重要软件系统和重大装备自主研发和安全可控，提升数字文化装备制造水平。加强高端软件产品和装备自主研发及产业化，支持内容制作、传输和使用的相关设备、软件和系统的自主研发及产业化。加强工业互联网、物联网、车联网在智能文化装备生产各环节的应用，提升沉浸式设施、无人智能游览、可穿戴设备、智能终端、无人机等智能装备技术水平。支持文物和艺术品展陈、保护、修复设备产业化及应用示范。

（十七）满足新兴消费需求。顺应商业变革和消费升级趋势，促进网络消费、定制消费、体验消费、智能消费、互动消费等新型消费发展。注重新技术对文化体验的改变，创新文化消费场景，培育壮大云旅游、云娱乐等新型消费形态。提高文化消费便捷程度，推广电子票、云排队等网络消费新方式，提升数字化预约能力。支持利用数字技术打造夜间文化和旅游产品，推动数字文化融入夜间经济，激发夜间消费活力，为夜间经济增光添彩。推动线上线下消费融合，发挥线上交流互动、引客聚客、精准营销等优势，引导线上用户转化为实地游览、线下消费。

2017 年，原文化部印发《关于推动数字文化产业创新发展的指导意见》，业界反响热烈，在全社会形成了推动数字文化产业创新发展的良好氛围，引导和促进了数字文化产业发展。2020 年以来，国务院办公厅、发展改革委等先后印发《关于以新业态新模式引领新型消费加快发展的意见》《关于促进消费扩容提质加快形成强大国内市场的实施意见》《关于支持新业态新模式健康发展　激活消费市场带动扩大就业的意见》等文件，着力培育新业态新消费新模式，引导产业复苏和创新发展。《中共中央关于制定国民经济和社会发展第十四个五年规划和二〇三五年远景目标的建议》明确提出实施文化产业数字化战略，加快发展新型文化企业、文化业态、文化消费模式。

此次出台的《关于推动数字文化产业高质量发展的意见》和2017年出台的《关于推动数字文化产业创新发展的指导意见》相比，有许多新特点，这也体现了近些年数字文化产业的发展趋势。

一是突出对"十四五"时期数字文化产业发展的引导。明确提出加快新型基础设施建设、推动技术创新和应用、激发数据资源要素潜力、推动产业链创新与应用等内容，充分体现"十四五"时期实施文化产业数字化战略的新要求，并从产业发展质量效益、产业生态、促进消费、企业发展和集群建设等角度，明确到2025年数字文化产业发展的主要目标，体现文化和旅游部对数字文化产业发展的预期管理，调动业界支持数字文化产业发展的积极性和创造力，营造有利于创新创业创造的良好发展环境。

二是突出方向和内容在数字文化产业发展中的核心地位。数字文化产业受众多、传播快、影响大，要把握正确导向，坚持守正创新，坚持以社会主义核心价值观为引领，把社会效益放在首位，实现社会效益和经济效益相统一。把握数字文化内容属性，坚持内容为王、质量为先，以优秀的数字文化产品弘扬和培育社会主义核心价值观，更好地引领社会风尚。

三是突出依靠创新驱动产业发展。深入实施创新驱动发展战略，推动内容、技术、模式、业态和场景创新，提高自主创新能力。以"培育数字文化产业新型业态"为专门章节，部署互联网、超高清、VR/AR、大数据、云计算、人工智能等数字技术在文化产业领域的创新应用，明确培育壮大云演艺、云展览、数字艺术、沉浸式体验等新型业态的具体路径，体现了对产业发展活跃态势的把握，引导激发产业创新潜力，形成更多新增长点、增长极，增强发展新动能。

四是突出培育壮大疫情催生的新业态新模式。新冠肺炎疫情期间，文化和旅游部"狠抓线上"，数字文化产业异军突起、逆势上扬，用丰富优质的线上内容供给，满足人民群众精神文化需求，在疫情防控和经济社会发展中发挥了显著作用。抗击疫情中形成的云演艺、云展览、云旅游等新业态新模式，展现出强大的成长潜力和活力，成为文化产业高质量发展的新引擎。面临新形势新任务，要引导推动疫情催生的新业态新模式健康发展，准确识变、科学应变、主动求变，在危机中育先机、于变局中开新局，努力实现更高质量、更可持续的发展。

五是突出用数字化手段促进文化和旅游融合发展。坚持以文塑旅，以旅彰文，推进数字经济格局下的文化和旅游融合，将"融合发展、开放共享"作为基本原则之一，从加强数字文化企业与旅游企业对接合作、促进数字文化向旅游领域拓展、支持文化场馆、景区景点开发数字化产品等方面，以数字化推动文化和旅游融合发展，拓展文旅融合的数字化新阵地，实现更广范围、更深层次、更高水平融合。

六是突出融入国家和社会发展大局。数字文化产业在健全现代文化产业体系中具有重要作用。围绕国家重大区域发展战略，促进形成文化产业发展新格局，将数字文化产业作为重要内容融入国家区域发展战略，引导数字文化产业与京津冀协同发展、长三角一体化发展、长江经济带发展、粤港澳大湾区发展、黄河流域生态保护和高质量发展等区域发展战略相衔接，与国家文化公园等重大工程相结合，促进产业集聚，实现溢出效应。

七是突出引领青年文化消费。青少年是数字文化产业的重要消费群体。发挥数字文化消费作为新消费的引领作用，以优质数字文化产品引领青年文化消费，引导创作满足年轻用户多样化、个性化需求的产品与服务，增强青年的民族自豪感和文化自信心。

二、准确理解数字文化产业高质量发展的要求

数字文化产业在当代发展中既是消费热点，也是投资热点，具有极强的增长性和热点性，特别是在"元宇宙"概念被提出后，投资界、产业界和学界更是将数字产业、数字世界作为关注的热中之热，在这种极热的态势下，要保持冷静的态度，把握发展数字产业的目标和初心，认识到数字文化产业要守得"正"，才能推动健康的"新"，实现数字文化产业高质量发展。

发展数字文化产业的难点体现在：一是版权问题，数字文化内容的确权、维权、交易等都还没有有序的保障；二是能耗问题，数字经济不等于绿色经济，不论是数字内容的计算还是存储，在现阶段都有较大的能耗；三是伦理问题，在数字世界中的资本控制、行为失控、隐私泄露等问题都还没有得到解决。

从数字文化产业高质量发展总的要求来看，发展数字文化产业的基本原则应该是积极数字化，合理金融化，充分公共化。

在数字技术全面引入当代经济社会发展的时代背景下，任何活动，包括政务、商务、社会事务等都要进入数字世界才能获得传播力、生命力，因此，文化内容也要积极数字化，才能获得新的传播力、影响力。2021年12月17日，爱尔兰流行乐男子演唱组合"西城男孩（Westlife）全球首场线上直播演唱会"在微信视频号直播，吸引了超过2000万人观看，点赞数达到1.4亿，并迅速登上热搜，成为一个数字时代演艺领域的现象级事件。尽管因为疫情相隔，外国演唱组合与中国观众们远隔万里，但那种火热的气氛在数字世界中如火如荼，刷屏泪奔。这凸显了线上直播演唱会和流媒体平台在当代文化产业、文化传播中的重要性，可以看出，这种形式已经获得了演出者和受众的广泛接受。事实上，疫情以来，越来越多的人已经接受了线上直播的形式来进行演艺活动，而其效果也远远超过传统演唱会形式，经常聚集数以十万计乃至百万计的观众，直至此次

达到了千万之多的观众。因此，积极数字化是发展数字文化产业的基本姿态。

数字文化产业的关键支撑是数字技术，而数字技术的研发与应用需要资本投入，由此，资本的投入成为数字文化产业中的重要力量。值得警惕的是，资本的增值本能会带来对数字文化产品开发过程中的过度商业化，乃至以数字文化产品为投资品、金融品，通过新技术实现数字世界艺术品的确权与交易，在虚拟世界开展金融衍生品交易。过度商业化、金融化的最大问题是忽视了文化产业的"双重属性"，忽视了社会效益在文化产业中的优先地位，因而无法保障通过新技术、新业态来推动文化产业有方向感的发展。在数字文化产业发展中，作为文化消费品的探索是积极的，而作为文化金融品的举措就要谨慎。

合理金融化可从构建数字文化产业生态的角度，发展数字文化产业链金融，鼓励金融机构、产业链核心企业、文化金融服务中心等建立产业链金融服务平台，为上下游中小微企业提供高效便捷低成本的融资服务。建设创新与创业结合、孵化与投资结合、线上与线下结合的数字文化双创服务平台，支持各类企业孵化器、众创空间等载体打造数字文化"双创"服务体系。发挥资本对文化产业新技术、新业态、新模式的促进作用，用好风险投资和天使投资，加强对创业企业的融资扶持。

数字技术的最大特点是可以最大限度地到达广大公众，如同数千万人的演唱会，因而，对于数字技术在文化产业中的应用，要以保障社会公共利益的实现为最高原则，而不是以获得更多消费者为原则。而要实现这种公共化，有公共投入支持的数字新基建很重要，文化大数据共享很重要。

根据文化和旅游部发布的《关于推动数字文化产业高质量发展的意见》，一方面，要加快新型基础设施建设。支持面向行业通用需求，建设数据中心、云平台等数字基础设施，完善文化产业"云、网、端"基础设施，打通"数字化采集—网络化传输—智能化计算"数字链条。鼓励数字文化企业参与企业级数字基础设施开放合作，完善文化产业领域人工智能应用所需的基础数据、计算能力和模型算法，推动传统文化基础设施转型升级。加强APP、小程序等移动互联网基础设施建设，完善文化领域数字经济生产要素，促进产业互联互通。主动对接新基建，用好新基建政策、平台、技术，提升数字文化产业发展水平。

另一方面，要激发数据资源要素潜力。支持文化企业升级信息系统，建设数据汇聚平台，推动全流程数据采集，形成完整贯通的数据链。支持上下游企业开放数据，引导和规范公共数据资源开放流动，打通传输应用堵点，提升数据流通共享商用水平。构建文化领域数据开发利用场景，建设可信数据流通环境，培育数据要素市场。推动文化大数据采集、存储、加工、分析和服务等环节产品开发，发展数据驱动的新业态新模式，打造文化数据产品和服务体系。加强文化消费大数据分析运用，促进供需调配和精准对接。强化数据安全，构建文化数据安全责任体系，引导企业增强数据安全服务，提高数据规范性和安全性。

数字文化产业公共化体现在服务广大人民的公共文化利益上，也体现在推动中华文化创造力的提升上。具体来说，在选择数字化的文化内容时，要以数字化文化遗产为中心，既进行数字传播，在数字世界中传播中华文化，扩大中华文化影响力，又进行数字消费，推动数字国潮文创的形成。这可以说是以提升中华文化创造力为目标的数字文化产业的"一个中心、两个基本着力点"。

值得肯定的是，故宫博物院在推动"文化＋科技"的数字化发展方面做得积极而深入。2020年7月，故宫博物院发布了"数字故宫"小程序。在疫情期间的一年时间里，"数字故宫"小程序与观众一同在文物世界里探索、在古建全景间漫游、在慢直播中走过故宫的四季，有近500万名来自天南海北的观众通过这一全新的渠道触达故宫、了解故宫、走近故宫。数字科技将旧日的古物转化为新时代的文化力量，通过"数字故宫"传达出中华优秀传统文化在时下重新焕发的无限魅力。2021年12月，"数字故宫"小程序升级，2.0 版本正式上线。除了整体视觉焕然一新外，新版小程序还优化和添加了在线购票、预约观展、院内购物等"实用"板块，进一步完善一站式参观体验。2.0 版本整合"智慧开放"理念，新增更加精准的开放区域线路导航、参观舒适度指数等重要开放服务功能，支持用户实时查看故宫各主要开放区域的参观舒适程度，并内置 7 条有趣的"定制游览路线"。为适应更广泛人群需求，此次小程序 2.0 版本还进行了无障碍功能升级，让视障人群、老年人既能在指尖云游故宫，也能通过小程序享受更多线下游览便利。

同样，敦煌研究院在推动"文化＋科技"的数字化发展方面也做得积极而深入。在"2021 年度全国文化遗产云传播精品项目"中，敦煌研究院"云游敦煌小程序"和"牛年说牛——寻找莫高窟里的牛"两个项目分别入选"云展示""云讲解"两个系列十佳。"云游敦煌小程序"是由集探索、游览、保护敦煌石窟艺术功能于一体的微信、QQ 小程序。项目以多媒体、网络化、数字化技术为手段，用全新的数字创意和交互形式演绎敦煌文化内涵。用户动动指尖、足不出户，就可以从艺术类型、朝代、颜色等维度近距离领略敦煌石窟艺术风采。在带给观众欣赏体验的同时，也借助"今日画语"定制敦煌智慧妙语、"敦煌艺术之最"有声版系列壁画聆听专业讲解、"云游敦煌动画剧"动画演绎壁画等多个特色内容板块，公益、动漫、游戏、音乐、文学等多种数字内容形态，促进敦煌文化的创新和再生产，在创新中普及、传播和传承传统文化。

"牛年说牛——寻找莫高窟里的牛"配合牛年春节主题，通过讲述敦煌壁画中"牛"的故事，展现中国古代社会生活，挖掘敦煌文化和历史遗存背后蕴含的人文精神和价值理念，旨在用妙趣横生的方式向观众传播敦煌文化，弘扬"莫高精神"，勉励全国各族人民在新的一年发扬孺子牛、拓荒牛、老黄牛的"三牛"精神，唤起人们对传统文化和中国精神的温情与敬意，让更多的人了解、关注和参与到中华优秀传统文化的发展中来。

故宫、敦煌的这些数字化举措都充分体现了以提升中华文化创造力为目标的数字文化产业的"一个中心、两个基本着力点",在文化遗产的数字传播上下功夫,充分利用了各自极其宝贵的文物资源,让文物活起来、传出来。

在发展数字文化产业中,要积极鼓励形成数字人文主义,即创新力与人文感兼备的导向。从"创新力"来看,既有数字技术的创新,也有技术应用场景的创新。推动数字文化产业技术创新,加快数字化转型共性技术、关键技术研发应用,支持 5G、大数据、云计算、人工智能、物联网、区块链等在文化产业领域的集成应用和创新,建设一批文化产业数字化的新的应用场景。在数字技术开发中,要从性能、成本、安全等多维度来考量。从"人文感"来看,要把握数字文化内容的文化属性,以向上向善为价值导向,创造能增强人民精神力量的数字文化产品,特别是围绕提升中华文化创造力,打造具有鲜明中华文化特色的原创 IP,善于运用动漫、游戏、网络文学、网络音乐、网络演艺、网络视频、数字艺术、创意设计等产业形态,推动中华优秀传统文化创造性转化、创新性发展,继承革命文化,发展社会主义先进文化,打造更多具有中华人文精神的数字文化产品。

"科技艺术等新的美学形态的涌现,助推中国美术站在时代前沿,成为新一轮全球艺术与科技融合浪潮的积极参与者、建设者、贡献者。近些年,新媒体艺术、数字媒体艺术逐渐成熟,各种动态艺术、景观艺术为公共空间增添了新的文化魅力,生态艺术蓬勃发展,层出不穷的新材料正在催生新的艺术形式语言,人工智能介入艺术创作带来新的挑战⋯⋯科技与艺术的碰撞,推进着艺术创新和技术迭代。"[1]值得提出的是,在现阶段的一些当代数字艺术发展中,这种数字人文主义还有待提高。从笔者参观的一些数字艺术展来看,这些数字艺术展品中有数字技术,也有炫酷表达,

---

[1]　范迪安等:《以丹青史诗讴歌伟大时代(坚持"两创"书写史诗)》,《人民日报》2021年 12 月 15 日。

但还缺少社会目标、文化底蕴和传递效果。事实上，数字艺术发展的目标很重要，不仅是为了设计师与投资人，更是为了社会、自然乃至地球。未来科学与艺术的结合应该更加注重感性之美、理性之美与人性之美的结合，将美学形式、科学规律与社会道德有机融为一体，通过创造性的艺术作品带来向上向善的价值引领。

对于 2021 年年底开始出现的"元宇宙热"，既不能盲目追捧，也不能消极回避，而是要有冷静而积极的把握。虽然这是国外企业高调提出的概念，但中国已经具备了发展的基础条件和应用规模，并在实践中保持着敏感性，在下一步的发展中，需要充分调动自身的主动性，保持发展的方向性。元宇宙是一种全球的数字架构，可以从物理层、协议层和应用层三个维度来把握。

其一，在物理层需要强化技术创新和基础架构，尤其是自成体系的原创性技术。唯有如此，才不会重蹈芯片发展等核心关键技术被"卡脖子"的状态，实现元宇宙自主发展的态势。同时，还要加大数字基础设施的建设，大规模向前推进自主、可靠、安全的信息技术基础架构布局。在推进千兆光纤网络和 5G 网络基础设施建设中，同时加强空间信息基础设议，加快建设卫星互联网。

其二，在协议层需要强化透明感和规则感。中国未来要在全球的元宇宙发展中拥有更好的形象，需要提高我们的透明感，让世界清晰地看清中国的发展脉络，否则难以进行交流和相互理解。另外，还需兼具规则感，透明感需要规则感来支撑，发展不能处于无序状态。此外，还需与国际密切接轨，积极参与世界标准的制定，比如中国提出参加数字经济伙伴关系协定（Digital Economy Partnership Agreement，DEPA），代表着中国希望主动地参与国际数字治理的姿态。

其三，在应用层需要强化数字伦理和人文精神。自由表达的边界、隐私保护和数字中心主义都需要关注，有待我们制定相关的法律法规。在应用过程中，要强调具有人文感的创意内容，强调技术的先进性与人文性的统一，科学精神与人类共同价值的统一。元宇宙是一个全新的应用场景，中国要探索创意运用，通过元宇宙能够展现真实的、立体的、全面的、可信的、可爱的、可敬的国家形象，突破"有理说不出""说了传不开""传开叫不响"的被"卡嗓子"的状态。需要注意的是，元宇宙是一种技术创新驱动的场景创新，但任何技术不能替代人，任何技术都要服务人。在元宇宙里，人文管方向，技术管方法，这依然是基本原则。

第三节　数字文创的实践探索

一、数字中国节

2020年年底，清华大学文化创意发展研究院与腾讯互娱以跨界、融合的文创理念，以中国最重要的传统节日——春节和流行数字IP——《和平精英》作为切入点，围绕在中华传统文化中寓意善良、美好、顺遂、幸福的"吉"字，结合当下多媒体交互、全息投影、点云数字化等技术手段及新媒体传播方式，联合发起"大吉大利中国年"系列主题活动。这既是对文化与科技融合发展文化新业态的探索，是对中华优秀传统文化创造性转化、创新性发展的尝试，同时，也是希望讲好中国故事，传播好中华人文精神，对外以提升中华文化影响力，对内以提升民族文化自信心。以此激发各类主体的文化科技融合创新活力，创造更多文化科技融合的创新性成果，助力当代中国文化的高质量发展。

在中国数字文化产业的高速发展下，已经积累了丰富的数字IP资源，将这些资源与厚重的中华优秀传统文化相互结合，可以实现共生共赢，这也是当代中国文化IP创新发展的重要机遇与主要趋势。目前来看，数字IP与传统文化的融合还不够紧密而有机，存在贴标签、要素单一、同质化程度高、匹配度不够、传统文化挖掘度不深等问题。"大吉大利中国年"

系列主题活动尝试以全新的视角和方式，开启传统 IP 与数字 IP 融合创新的思路。

在此次尝试中，推动不同文化 IP 的组合升级，以传统符号演绎全新故事。作为"大吉大利中国年"主题活动之一的《和平精英》长城光影秀，由清华大学美术学院信息艺术设计系负责人牵头创作。春节和长城在中国数千年历史进程中，一个代表着时间，一个代表着空间，两者都是中华传统文化沉淀千年的文化 IP，是代表中华文化的超级符号。《和平精英》则是在数字时代背景下，由青年流行文化生产出的新数字文化 IP，有着稳定且庞大的流量基础。长城光影秀以春节有"吉事"发生为主题，选取长城中最具代表性的五处建筑，即山海关、嘉峪关、大境门、镇北台、居庸关为地标，以《和平精英》四圣兽四地觉醒为故事线索，打破时间、空间和文化差异的界限，提炼三个 IP 关键要素并重新组合，构建一个全新的故事内容框架，并运用数字技术进行艺术化创作，最终通过"光影秀"呈现一场视觉盛宴。

在此次尝试中，推动线上、线下联动的创新节日体验，选择北京王府井、广州广府、南京夫子庙、自贡中华彩灯大世界主题庙会四个地标性城市文化空间作为"和平精英中国年吉市"。线下场景中《和平精英》IP 与当地文化民俗创新融合，成为当地新晋网红打卡地；线上以虚拟庙会数字化设计打造 H5 互动"云庙会"，与线下"吉市"主题庙会活动保持一致，通过对当地传统文化和民俗的数字化演绎，吸引众多年轻人的参与。在"和平精英中国年吉市"中，每个玩家足不出户即可了解不同地域的年节文化，还能感受到来自过年的仪式感。

在此次尝试中，突出了文创理念，既有形式各异的创意，也有横跨全国的名胜古迹等传统文化内容，基于这些传统文化内容开展创意，将文创活动从线下延展到线上，成为中国年节、地理、民俗等的文化"索引"，吸引大量年轻人的目光，实现了数字文创的传播价值、文化价值。中国文物学会会长单霁翔参与了此次活动，录制了相关视频内容，在活动中表示：以《和平精英》数字 IP 焕新传统节日吉祥文化，一方面将数字 IP 与东方文化符号相结合；另一方面以东方特有的节日语言连接世界文明，以信息时代最具传播力的数字方式对话世界。

在此次尝试中，突出了生活视角，邀请了清华大学美术学院师生团队打造年俗文创周边产品，联通了数字 IP 与实体产品。以新春吉盒概念设计新春大礼包，突出新玩法，整体吉盒调性以传统新春文化特色融合数字 IP 来呈现。新春吉盒不仅在线上派发，还以中国年盲盒的形式在线下派送，线上线下全覆盖。在新春吉盒中，能看到由清华大学美术学院艺术家创作的年味挂画、寓意大吉大利彩头的春联与红包，还有传统桌游飞行棋等深受广大年轻人欢迎的聚会小游戏。通过传统年俗表现形式融合现代潮流元素，开发游戏文创周边，让年轻人在游戏之外乐于收集、分享、传播中华传统文化的流行符号。

二、网络游戏中的中国戏曲

自 2020 年起，网易游戏逆水寒启动数字梨园计划，与昆曲、越剧、黄梅戏三大戏曲的代表剧院合作演绎戏曲名篇，包括牡丹亭、天仙配、女驸马等剧目。

在游戏中，为追求戏曲观看体验的逼真性，戏折子人手一份，凭票入场看戏，从细节和仪式感上精益求精。高自由度、沉浸感的 360°全景式看戏体验，让极致真实的虚拟演出触手可及。更重要的是，为了让数字世界中的戏剧代表发挥真实表演的高水平，一方面，在制作中使用了先进的动作捕捉技术，分辨率极高的动作捕捉相机协同工作，使用 CG 级别柔布技术，使用先进技术打造灵动青丝，使用先进技术实时渲染天气等。另一方面，邀请到了戏剧名师参与制作，比如在黄梅戏表演中，邀请了第三批国家级非遗项目黄梅戏代表性传承人、中国戏剧梅花奖得主吴亚玲，昆曲表演中邀请了中国戏剧梅花奖得主孔爱萍、上海白玉兰奖得主施夏明等。

在此过程中，结合数字游戏特点，为了传播戏曲文化，向玩家赠送数字戏服。在中国传统戏剧中，戏服是戏剧文化的一部分，为此，逆水寒制作了游戏外观，免费赠予玩家，数百万玩家们领取并身穿戏服游历数字江湖，切实感受戏曲国粹的独特美学。

从实施效果上看，许多年轻玩家表示，"第一次听戏曲，竟然是因为一款游戏"，还觉得"看不够，不过瘾"。数据显示，近90%的活跃玩家至少听过两个戏曲唱段。在微博、微信等社交媒体上，这一尝试也是广受好评。更有价值的是，考虑到这款游戏在140个国家和地区有超过6亿玩家群体，这也成为以游戏为载体、推动中华优秀传统文化"走出去"的有效尝试。

戏曲是中华传统文化中最具大众性的内容，就需要以最具大众性的形式在当代进行传播。20世纪50年代，由郑振铎倡议、中国社科院文学研究所负责整理出版了《古本戏曲丛刊》，共出版六集。郑振铎在序言中说："没有一种文学形式比戏曲更接近人民，使其感到亲切，感到欣慰，而且得到满足与享用的了。"①在青年文化时代、数字文化时代要传承中国戏曲，就要在接近大众上下功夫，"使其感到亲切，感到欣慰，而且得到满足与享用"。事实上，数字空间的流量并不应被忽略，当更多的戏曲人以专业感和敬畏心参与到戏曲的数字传播中，探索戏曲与新数字媒介、新技术条件、新文化消费行为的结合时，就表达了对戏曲传播的重视，对弘扬中华优秀传统文化的重视。

对戏曲传播来说，动漫、游戏等各种新的数字文化形态只是作为入口与窗口，让当代青年看到戏曲、了解戏曲、爱上戏曲。尽管这个入口与窗口的形态与戏曲形态不一样，甚至显得太新潮，但当更多的青年由此而亲近戏曲后，戏曲美学、戏曲故事、戏曲技法等戏曲的内在魅力自然会绽

---

① 《古本戏曲丛刊》编辑委员会编：《古本戏曲丛刊》（初集），国家图书馆出版社2016年版，第5页。

放出来。事实上，对中国传统戏曲等中华传统文化内容来说，以文创理念进行当代传播的首要任务是让更多的当代青年接触到这些传统，这一入口要具有吸引力，这一窗口要具有清晰度，在自然而然的接触中，细水长流，水到渠成，让传统文化的种子播撒到当代青年中间。

三、数字藏品

湖南省博物馆是首批国家一级博物馆，现有馆藏文物 18 万余件，以马王堆汉墓出土文物、商周青铜器、楚文物等最具特色。朱地彩绘棺、"T型帛画"是其国宝级文物，前者纹饰图案丰富，代表中国漆器工艺的超高造诣，后者又叫马王堆汉墓帛画，显现出汉代初期楚地习俗及毛笔绘画水平，见证了湘楚 2000 多年前的文化与艺术发展。源自湖南省博物馆镇馆之宝"T型帛画"设计而成的四枚数字藏品，于 2021 年 9 月 30 日 10 点正式对外发售，用户可以上支付宝搜"粉丝粒"小程序购买、鉴赏与分享，上线迅速售罄。

2021 年 10 月 21 日，蚂蚁链正式发起"宝藏计划"，以数字藏品为载体推进当代文创新形态发展。该计划首期推出中国国家博物馆现藏四件国宝级文物的数字藏品四羊青铜方尊、"妇好"青铜鸮尊、错金银云纹青铜犀尊、彩绘雁鱼青铜釭灯，当日 12 点在支付宝"粉丝粒"小程序开售即售罄，购买成功的用户可在"我的收藏"中鉴赏、分享。

该计划与国内多个文博机构合作，聚焦馆藏文物主题，从 2021 年 10 月 21 日到 11 月 11 日每天推出一套数字藏品（不含皮肤类数字藏品），在蚂蚁链相关小程序上对用户限量发售。该计划推出后，受到热烈响应，这些数字产品都以各大文博机构的馆藏珍品为基础，用现代数字技术制作成精美的数字产品，最大限度地还原文物形态与设计细节，其页面详细描述了宝藏背后深厚的历史性与艺术性，让每一位参与用户成为数字时代的中华传统文化"藏宝人"，加深对中国文化的理解与鉴赏。

对文博单位来说，将藏品数字化并进行数字化之后的版权保护是探索数字藏品等文创产品新形态的基础。数字藏品是使用区块链技术进行唯一标识的经数字化的特定作品、艺术品和商品，包括但不限于数字画作、图片、音乐、视频、3D模型等各种形式。数字藏品为虚拟数字商品，而非实物。每个数字藏品都映射着特定区块链上的唯一序列号，不可篡改、不可分割，也不能互相替代。每一个数字藏品都代表特定作品、艺术品和商品或其限量发售的单个数字复制品，记录着其不可篡改的链上权利。因此，数字藏品与虚拟货币等同质化代币存在本质不同，有特定作品、艺术品和商品的实际价值做支撑，也不具备支付功能等任何货币属性。

数字藏品具有唯一性，是因为它们基于区块链技术，从诞生起就与特定的作品、艺术品和商品建立唯一的映射关系，每个数字藏品都具有独一无二的链上序列号，可以作为数字藏品在特定区块链上对应且唯一的权利证明。在数字藏品限量发售状态下，收藏者拥有链上序列号彼此不同的数字藏品。同时，在交易过程中，该数字藏品的交易信息会通过智能合约记录存储在链上，能够实现可信追溯。不过需要特别注意的是，除非发行方有特殊约定，一个数字藏品仅在当前特定区块链上具有唯一性。

作为数字藏品的收藏者，拥有每个数字藏品背后对应的特定作品、艺术品和商品的单个数字复制品，可以获得观赏藏品、享受收藏的体验，可以分享收藏见解。有了数字藏品，艺术收藏的边界得以延展到数字世界，不再局限于物理世界。由此，艺术收藏更加平民化，更多人能以有限的资金成为数字藏品的收藏家，也不必为实物艺术藏品的储存和流通而烦恼。

目前蚂蚁、腾讯、字节跳动、京东等互联网公司纷纷涉足数字藏品领域，探索这一新形态文创产品的市场潜力。这些公司发力的IP领域各不相同，腾讯集中在其较为擅长的影视、游戏领域，如爆火动画《一人之下》的人物画像数字藏品，选择了其中五位主角和一位动画第四季主题人物，以"卷轴秘籍"为概念，围绕花草水墨主题的国风形象进行设计，每款限量发行 1000 枚，总发行 6000 枚，单价 98 元。

字节跳动基于旗下短视频 APP 推出视频形式的数字藏品 TikTok Top
Moments，精选了 TikTok 最具影响力的创始人的六段视频。TikTok 探索
让 NFT 成为创作者赋权工具的机会，NFT 不仅让作者所创造的内容获
得认可及奖励，也让粉丝能够拥有于 TikTok 平台上具备重要文化意义的
时刻。例如饶舌歌手纳斯小子（Lil Nas X）演唱的 Montero（Call Me By
Your Name），在 TikTok 平台上造成了风潮，全球总计有超过 230 万支
TikTok 视频利用其音乐片段，更从 TikTok 红回现实世界，因而成为 Top
Moments 的收藏对象。

值得说明的是，这些数字藏品的价格并不高，表明了其作为大众化
的文化消费品而不是金融性的文化投资品的性质。

表 6-1　宝藏计划第一期部分藏品信息

时间	合作方	藏品主题	具体藏品	发行量（份）	发行价格（元／件）
2021 年 10 月 21 日	国家博物馆	萌兽系列	四羊青铜方尊	8000	9.9
			"妇好"青铜鸮尊	8000	9.9
			错金银云纹青铜犀尊	8000	9.9
			彩绘雁鱼青铜缸灯	8000	9.9
2021 年 10 月 25 日	故宫博物院	紫禁琉彩荣光	紫禁琉彩荣光—与时俱进	8000	9.9
			紫禁琉彩荣光—	8000	9.9
			紫禁琉彩荣光—	8000	9.9
			紫禁琉彩荣光—	8000	9.9

续表

时间	合作方	藏品主题	具体藏品	发行量（份）	发行价格（元/件）
2021 年 10 月 28 日	中国美术馆	中华大师吴昌硕	《神仙福寿图》	6000	9.9
			《寿桃图》	6000	9.9
			《老少年》	6000	9.9
			《葫芦》	6000	9.9
2021 年 10 月 29 日	湖北省博物馆	—	越王宝剑	10000	19.9

资料来源：中央财经大学文化经济研究院：《区块链技术激活数字文化遗产研究》，2021 年 12 月。

四、数字文创传播红色文化

中国的革命文化极其丰富、极其生动，也极其重要，成为中华民族奋斗史和中华民族精神谱系中的有机组成，也是让世界读懂中国的窗口。纵观包括西方各国在内的世界各国，对于本国的独立史、反抗侵略史特别是英雄模范的历史都极其重视，以国家仪式、民间文艺创作、纪念馆等各种方式来进行纪念与传播。对当代中国文化传播来说，也要特别重视把自己的革命奋斗故事讲出来，把红色文化传承与传播好，形成民族记忆与世界共识。数字文创的核心支撑是先进的数字技术，而数字技术辅以好的文化创意才能具有感染力。在红色文化传播中，"红色经典＋数字技术"可以展现出独特魅力。

2021 年 10 月 6 日，我国首部黑白转彩色 4K 修复故事片《永不消逝的电波》在全国各大电影院线上映。《永不消逝的电波》是一部老电影，是新中国第一部反映我党隐蔽战线的经典影片，1958 年由八一电影制片厂出品。此次在建党百年期间，中央广播电视总台"央视频"5G 新媒体平台联合中国电影资料馆组成项目修复团队，用我国拥有自主知识产权的人机交互式 AI 上色技术与传统修复手法相结合，在长达 7 个多月的时间里对原片超过 16 万帧的黑白影像逐帧进行修复，使这部红色经典影片再次焕发出生命力。片子一经推出，就激发了许多人对老一辈革命家的深切情感，对中国共产党百年奋斗历程的深切认同。

这种数字修复技术在传播红色经典中具有极好的效果。2019 年，作为庆祝新中国成立 70 周年的献礼之作，主旋律电影《决胜时刻》在上映前就发布了一组新剧照——开国大典历史影像经过修复后的彩色 4K 画面。这是开国大典历史影像资料第一次以彩色超清画质出现在大荧幕上。如此清晰的还原度，让许多网友赞不绝口，也提高了影片的上座率和感染力。

数字文创传播红色文化的另一个用武之地是红色旅游。党的十八大以来，中央对中国革命历史遗迹的建设非常重视，重要革命事件纪念馆、红色旅游经典景区、革命传统教育基地等陆续得到加强。在此过程中，充分发挥数字技术的作用，通过打造文化科技融合的沉浸式体验空间、全息成像技术、数字红色知识图谱、互动型参观系统等，让参观者能够感受到历史中的革命场景，感受到具有还原感的场景，体验到当年革命者们的境遇。值得重视的是，当前各地对红色纪念馆、博物馆、故居等的建设重视程度越来越高，但专业化程度还有待提高，仅仅有政策、有投入还不能打造出好的红色场馆来，仅仅有展板是不能吸引当代青年的，应该最大限度地发挥数字文创的作用，打造出更具感染力的红色空间。

在当代，以数字技术传播红色文化的最具普遍意义的做法是发挥青年创意，制作好的数字短视频内容，以高信息浓度、高视觉浓度、高情感浓度，传播中国共产党的故事、精神与文化。笔者在 2021 年 12 月参加了人民日报社"奋斗是最好的传承"2021 年新媒体视频创新大赛决赛，看到了报社青年人制作的一批优秀短视频作品。其中的一个短片《你，为什么入党？》曝光总量超 13 亿，话题更是登上微博热搜置顶，300 多万网友转发评论点赞，传播效果显著。片子抓住确立信仰的入党之"初"，揭示中国共产党之所以伟大的密码。为了做好这个 3 分钟的片子，制作团队下了一番硬功夫，用一个月的时间，足迹遍及大半个中国，拍回来的素材有1.5个T（太字节）。之后，反复推敲，苦心打磨，做到"加一秒则太长、减一秒则太短"，浓缩了张伯礼、张桂梅等14位老中青党员的精华表达，且在各自的工作场景中浓缩高光时刻，极具感染力和冲击力。片子的制作团队既有传统版面编辑组，也有融媒体工作室，还有网络大平台人民网。从策划源头到创作过程、再到推广渠道，做全方位、全流程、全链条的融合，体现了数字文创过程的创作特征。

以文创理念传播红色文化，不仅需要创新，更要守正，守红色精神之正。技术再先进，形式再炫酷，都不能忘记红色精神的实质与精髓。有战略学家指出，"今天有人改编'红色经典'，将其中的红色偷换为粉红色。忘记过去就意味着背叛，'去红'的结果不仅是让我们的后代不知不觉忘记或误记我们中国共产党浴血奋斗的历史，诱使我们的后代背叛共产党的历史使命，这都是最要命的"[1]。红色文创的原则是创造性地还原红色，而不能是无底线地改变颜色。

红色文化中的故事极具感染力，重要的是准确挖掘到精神实质，找到与当代青年产生共鸣的着力点。在纪念建党百年的2021年，《觉醒年代》《革命者》《大决战》《功勋》等一批优秀的影视剧不断掀起"红色文化热"，体现了中国共产党的青春度与历史感。人民日报社的青年创作者们制作了微视频《觉醒年代的青春之声》，采用流行的联名模式，结合建党百年与热播主旋律电视剧《觉醒年代》，邀请剧中陈独秀、李大钊、毛泽东和鲁迅的扮演者朗诵与青年有关的名句，通过展现建党前后爱国青年奋发有为、立志探索救国道路的青春热血，激发青年人的爱党爱国情怀。微视频于2021年5月3日正式上线，第一时间全网推送，"觉醒年代的青春之声"话题立刻登上微博热搜。截至2021年5月12日，微博话题阅读量近4000万人次，人民日报官方微信点击量突破10万次。

---

[1] 张文木：《战略学札记》，海洋出版社2018年版，第584页。

五、数字冬奥传播中华文化

2022 年北京冬奥会开幕式是中华文化与数字创意的完美结合，"中国式浪漫"的简约空灵通过现代数字技术得到了完美展现，为疫情下的世界铺洒了诗意温暖，给冲突下的世界留下了美好记忆。

开幕式环节为了表达"黄河之水天上来"这一中国人耳熟能详的诗句，采用算法编程，按照中国画波浪线条去控制，让波形每一秒的轮廓线都像国画里的波浪。瀑布倾泻而下，乍看只觉黄河之水天上来，细看就会发现，国画山水与物理波浪浑然一体，与众不同，别有韵味。这正是运用数字技术实现了写实和写意的平衡，在视觉符号中寄寓了中华美学精神。

黄河之水倾泻而下之后，一方"水"从冰面缓缓升起，变成一块晶莹剔透的"冰立方"，紧接着 24 支激光打在冰立方上，开始雕刻"光影水墨人形"，最后雕刻出"冰雪五环"。短短几分钟的演出集合了大量创意、科技、设备和调度。为表现出中国文化气韵，创作者用毛笔画了上千张画，制成立体光影。"冰雪五环"既是冰，也是雪，在选择光泽呈现效果时，创作者认为这个五环应该有中国文化特色，具有冰种翡翠质感。

北京冬奥会开幕这天是立春，活动中通过二十四节气短片表达了中国人对时间、对春天的理解。与此相关，开幕式主色调除了象征冰雪蓝天的白色和蓝色，还有绿色，以表达生生不息和充满希望的寓意。运动员入场时，在"中国门"和"中国窗"中间放进大好河山，营造了"大美中国"的意境。大雪花、黄河之水、光影水墨人形、虎头帽等设计，都注重审美特色，富有文化内涵。

在这些国家项目特别是北京冬奥会开闭幕式创作中，中国创作者学习了更多形态、更加复杂的科技手段，获得了在大尺度空间进行创意表现的能力。这次北京冬奥会开闭幕式数字屏分辨率、帧率极高，尺寸和数字科技工程量非常大，在奥运历史上前所未有。这就好像以前在 A4 纸上作画，现在却是面对整个世界作画，思维角度的丰富和科技手段的提升是跨越式的。在雪花设计和激光雕刻"冰雪五环"环节，利用多维度多线程同步编程，实现了演员、激光、屏幕等不同介质和工种的同步协调，实现了跨媒介艺术综合创新，用活了这样一个 10 米高、22 米宽、8 米厚的巨型裸眼 3D 光影装置。

北京冬奥会开闭幕式视效总监在活动后谈到体会，"参与这些大型项目创作，让我更加了解中国文化，更加认识到传承中华优秀传统文化的重要性。能看到的是科技，'看不到'的是文化。文化是内核，是灵魂，吃透了文化，表现时才能神采飞扬、流光溢彩"。与此同时，"北京冬奥会开闭幕式展现中国数字科技艺术已经站在国际前沿。我们有足够大的市场和足够多的应用场景，有实力强大的科技企业和高水平技术人才，更有5000 多年悠久文明和无比丰富的优秀文化可供挖掘。我们完全有条件找到自己的艺术语言，实现原创性的、具有中国气派的艺术创造，在数字科技艺术这条全新赛道上跑出好成绩，讲好新时代的中国故事"①。

此次北京冬奥会期间，中华文化的亮相是系统性、全面性、创造性的。吉祥物、会徽、奖牌、火炬等北京冬奥会、冬残奥会的核心元素，蕴藏着中国传统文化的哲学理念和文明气韵。冬奥会会徽"冬梦"将中国书法与冰雪运动巧妙结合，奥运奖牌的构思来自中国古代的同心圆玉璧，火炬"飞扬"取自道法自然、天人合一的哲学理念，国宝大熊猫与传统红灯笼成为吉祥物"冰墩墩""雪容融"的原型，火炬、奖牌以及运动员的证书上都使用了中国传统纹样的"冰雪纹"和"祥云纹"，奖牌上的绶带充分汲取宋锦的特殊制造工艺，中华文化在运动场的各个细节中见体现出来，极其用心，极其细腻。

北京冬奥会也创造了多项传播纪录：数字化互动最广泛的冬奥会、转播时长最长的冬奥会以及开幕式收视率最高的冬奥会，赛事获得了数十亿

---

① 王志鸥等：《用数字科技营造全新意境（创造性转化创新性发展纵横谈·解读国风国潮)》，《人民日报》2022 年 4 月 5 日。

次平台互动数，在中国仅电视收视人数就超 6 亿。

　　91 个国家和地区的近 3000 名运动员参加了北京冬奥会。除了参加比赛，许多外国选手纷纷记录赛场外的点滴并分享至社交平台。数据显示，国际奥委会的社交媒体账号在北京 2022 年冬奥会期间的浏览量达到 27 亿人次，很多明星运动员的社交媒体账号评论量也达到 10 亿条。其中，视频网站 YouTube 奥林匹克频道的观看人数比平昌冬奥会增长 58%，抖音海外版（TikTok）上"奥运精神"主题标签的视频浏览量超过 21 亿人次，粉丝在奥林匹克网站上给他们支持的奥运选手发出 4700 万条虚拟助威。

　　冬奥会、冬残奥会开闭幕式成为传播亮点之一。总导演张艺谋在知乎平台亲自解答的冬奥会闭幕式"折柳寄情"内容，被媒体翻译为英、日、韩等语言，中国驻开普敦总领事林静在推特上转发了人民日报英文版报道，受到国外网友关注和好评。相关话题在微博上总曝光达 8908 万次，讨论次数 2.5 万，登上热榜累计时长近 4 小时。①

---

① 　侯珂珂：《当冰雪之约遇见中国文化》，《光明日报》2022 年 4 月 6 日。

结语　21 世纪的人类新文明

　　1928 年 9 月，罗家伦在国立清华大学校长就职典礼时发表题为《学术独立与新清华》的演讲，表明了作为"国立大学"的清华与作为"留美预备学校"的清华的不同意义，即"把清华学校改为国立清华大学，正是要在北方为国家添树一个新的文化力量！"

　　在演讲中，罗家伦表示，

　　　　要国家在国际间有独立自由平等的地位，必须中国的学术在国际间也有独立自由平等的地位。把美国庚款兴办的清华学校正式改为国立清华大学，正有这个深意。我今天在就职宣誓的誓词中，特别提出学术独立四个字，也正是认清这个深意。

　　　　我今天在这庄严的礼堂里，正式代表政府宣布国立清华大学在这明丽的清华园中成立。从今天起，清华以往留美预备学校的生命，转变而为国家完整大学的生命。

　　　　我们停止旧制全部毕业生派遣留美的办法，而且要以纯粹学术的标准，重行选聘外籍教授，这不是我们对于友邦的好意不重视，反过来说，我们倒是特别重视。我们既是国立大学，自然要研究发扬我国优美的文化，但是我们同时也以充分的热忱，接受西洋的科学文化。不过我们接受的办法不同。不是站在美国的方面，教中国的学生"来学"，虽然我还要以公开考试的办法，选拔少数成绩优良的学生到美国去深造；乃是站在中国的方面，请西方著名的，第一流的不是第四五流的学者"来教"。请一班真正有造就的学者，尤其是科学家，来扶助我们科学教育的独立，把科学的根苗移植在清华园里，不，在整个的中国的土壤上，使他开花结果，枝干扶疏。①

国家要独立，学术必须独立。大学是国家的重要文化力量，要在研究发扬本国"优美的文化"上下功夫，同时，又要接受最先进的外来文化。其最终目的，是要培养优秀的人才，如同罗家伦所言，"不倦的寻求真理，热烈的爱护国家，积极的造福人类，才是大学生的职志"。这段话虽至今已近百年，但读来依然是当代中国大学生培养应该遵循的目标：真理意识、国家意识、人类意识。尤其是在当代世界面临越来越多的全球性挑战时，更应值得认真反思，当代大学需要培养怎样的青年人才？当代人类需要追求怎样的真理与文明？

1949年9月，中国人民政协全体会议开幕会召开，毛泽东致开幕词，庄严宣告：

我们的工作将写在人类的历史上，它将表明：占人类总数四分之一的中国人从此站立起来了。

随着经济建设的高潮的到来，不可避免地将要出现一个文化建设的高潮。中国人被人认为不文明的时代已经过去了，我们将以一个具有高度文化的民族出现于世界。②

如今，中国人不仅"站起来"了，也"富起来"了，还要"强起来"。

---

① 清华大学校史研究室：《清华大学史料选编（二上）》，清华大学出版社1991年版，第199—200页。
② 中共中央文献研究室编：《毛泽东年谱（1893—1949）（修订本）》下卷，中央文献出版社2013年版，第577页。

与此同时，也要"美起来"！所谓"美起来"，就是让中国有可信可爱可敬的国家形象！让中华文化在当代世界文化建设中发挥更加积极作用。

2021年11月，《中共中央关于党的百年奋斗重大成就和历史经验的决议》正式通过，提出，

> 中华优秀传统文化是中华民族的突出优势，是我们在世界文化激荡中站稳脚跟的根基，必须结合新的时代条件传承和弘扬好。我们实施中华优秀传统文化传承发展工程，推动中华优秀传统文化创造性转化、创新性发展，增强全社会文物保护意识，加大文化遗产保护力度。加快国际传播能力建设，向世界讲好中国故事、中国共产党故事，传播好中国声音，促进人类文明交流互鉴，国家文化软实力、中华文化影响力明显提升。①

这是回首百年奋斗历程总结出的基本经验，对中华文化特别是优秀传统文化的历史意义与当代价值作出了清晰有力的论断，一方面，把"中华优秀传统文化"视为中华民族的"突出优势"；另一方面，也指出要在世界文化激荡中站稳脚跟，依然要把"中华优秀传统文化"作为"根基"。

事实上，传承好"中华优秀传统文化"，不能仅是做复制，而要实现创造性转化、创新性发展；提升"中华文化影响力"，也不能仅是为了中国发展，而要为了人类文明交流互鉴，为了建设更和谐的人类新文明，建设人类命运共同体。

1924年，印度诗哲泰戈尔应梁启超等人之邀来中国访问，访华期间，泰戈尔在清华驻留近一周，其间专门给同学们做了一次演讲，鼓励同学们远离物质主义，追求文化的贡献，其中谈道：

---

① 《中共中央关于党的百年奋斗重大成就和历史经验的决议》，人民出版社2021年版，第46页。

现在我是在中国。我问你们，我也问我自己，你们有的是什么，有什么东西你们可以从家里拿出来算是你们给这新时期的敬意。你们必得回答这个问题。

你明白你自己的心吗？你知道你自己的文化吗？你们史乘里最完善最永久的是什么？你们必得知道，如其你们想要自免于最大的侮辱，遭受蔑视，遭受弃却的侮辱。拿出你们的光亮来，加入这伟大的灯会，你们要来参与这世界文化的展览。①

演讲中，泰戈尔呼吁中国青年乃至中国人要知道自己肩负的责任："人类的文明正等着一个伟大的圆满，等着她的灵魂的纯美的表现。这是你们的责任，你们应得在这个方向里尽你们的贡献。"一百年前，中国还处在列强欺凌的时代里，这位东方哲人对中华文化的世界贡献的呼吁还只能是呼吁，只能是美好的期望，那么，一百年后，当中国"站起来""富起来""强起来"后，这种为人类文化做贡献的使命愈发清晰强烈。在未来的人类新文明里，中华文化应该发挥更主动的作用。这不仅是为中国，更是为人类。

当代人类文明正面临着新的重大的变化可能，有两种力量成为突出的文明变革的推动者，一是技术力量，另一是南方力量。技术正在全面改变当代人类的经济运行、社会存在与政治组织，其覆盖面与渗透力前所未有的巨大，成为新的人类文明形成过程中重要的驱动力。与此同时，以中国为代表的发展中国家群体性崛起，全球南方力量逐渐在形成合力，成为与近代西方力量不同的另一支力量，南方国家的崛起成为多元化世界中的人类进步的积极表现，不论是中华文明还是亚非拉文明等都在新的人类文明建设中越来越主动地发挥作用。

---

① ［印］泰戈尔：《你们的使命是拿灵魂来给一切事物（节选）——1924 年泰戈尔在清华大学的演讲》，徐志摩译，《读写月报》2018 年第 10 期。

1958 年 9 月，毛泽东在会见巴西记者时谈道：

> 所有亚洲、非洲、拉丁美洲的国家的共同历史任务，就是争取民族独立，发展民族经济和发展民族文化。
>
> 对西方的崇拜是一种迷信，这是由历史形成的，现在这种迷信正在逐渐破除。破除对西方的迷信，这是一件大事，在亚洲、非洲、拉丁美洲都要进行。在我们国家也要继续破除这种迷信。①

事实上，破除对美国和西方的迷信是一个长期的过程。季羡林在其主编的《简明东方文学史》序言中，将世界划分为四大文化体系，包括中国文化体系、印度文化体系、伊斯兰文化体系和欧洲文化体系②。当今世界的全球化正以全球战略中心东移、非西方世界的新兴国家崛起、民族宗教文化认同复兴为突出特征，广大新兴经济体和发展中国家正不断拓展生存和话语空间，由中国提出的"一带一路"倡议更是在深刻改变世界的地缘政治与经济格局。在中国越来越走向世界舞台中央的时代里，中国人越来越需要具备全面、理性的全球视野与人类文化意识。笔者在清华开设《全球胜任力海外实践课程》，与同学们讨论什么是全球胜任力（Global Competence）的具体标准。这其中，同学们认为，首要的是了解真实的全球！在这个由少数国家强势媒体描绘的世界里，我们知晓的、想象的世界非常有限和偏颇。只有用自己的脚来丈量、用自己的眼来观察、用自己的脑来思考，才能把握一个真实的全球。

在当代人类新文明的建构中，不仅要让中国青年掌握关于跨文化沟通的知识与技巧，更要注重培养坚定的文化自信与真正的全球视野，引导学生树立"全球化不等于欧美化"的理念，掌握真诚的"跨文化尊重"，

---

① 中共中央文史研究室编：《毛泽东年谱（1949—1976）》第三卷，中央文献出版社 2013 年版，第 433 页。

② 季羡林主编：《简明东方文学史》，北京大学出版社 1987 年版，第 5 页。

而不是对弱者俯视、对强者仰视的"跨文化摇摆"。

在调研中发现，即便是像阿联酋这样的地区小国，也能强烈感受到这个小国家的大志向、大作为，强烈的国家意识渗透在各个角落，其领导人"追求第一、不做第二"的理念异常突出。因此，仅关注以欧美为代表的传统西方发达国家，采用关于全球化认知的老观点、老思路、老办法，已远远不能适应全球治理与人类新文明建构的需求。具有全球胜任力的人才必须在熟悉中国文化的基础上，能够掌握多民族、多种族、多宗教、多文化的基本知识，在跨文化语境下处理复杂化、差异化和精细化问题。这就需要在当代中国青年的教育中秉持正确的道路观、义利观、文明观，树立看待世界的客观、全面视角。

中国推动的"一带一路"倡议是一个完全不同于英国、美国主导的全球化进程，既没有殖民地，也没有文化霸权，这一进程是以包容性发展、多样性文化、平等性参与为特征的。这种特征是千年前《礼记》中"天下大同"思想的当代延续，也是中国推动"一带一路"建设的文化优势所在。为此，在推动这一进程中，不仅要让优秀的中国企业获得世界的认同，还要让优秀的中国文化获得世界的认同。

近些年，为了让同学们更深切地体会人类文化多样性、思考人类新文明，笔者带领《全球胜任力海外实践课程》的同学们访问了许多国家特别是非西方国家，在实地调研中看到当代中国的世界影响，看到当代中国青年的时代使命。在肯尼亚和埃塞俄比亚调研时发现，从铁路到公路，从城市供电到供水，再到汽车、手机与日用品，乃至野生动物保护，中国元素在非洲无法回避。亚吉铁路是非洲第一条电气化铁路，全部采用中国标准和中国装备建设而成。当走进这条铁路的站台时，同学们都惊呼，从外部风格到内部标识，太"中国"了。当乘坐火车沿这条铁路行驶在非洲大地上，坐在明亮、整洁的车厢里，同学们都兴奋不已，自豪陡升。在内罗毕的贫民窟，同学们走访了当地中国民间组织捐赠的长青造梦小学，一进学校里，可爱的当地孩子们就涌上来与同学们一起拍手、合影，嘴里还不停地说着"China，你好"。据介绍，埃塞俄比亚对中国道路非常认同，并积极从理论与实践上进行学习。而非洲当地组织进行的民调显示，中国在非洲的国家形象在所有国家中是最好的。

2017年2月，在中国驻埃塞俄比亚大使馆内，大使与清华同学们进行了近三个小时的深度交流，对清华大学组织师生走进非洲社会实践给予充分肯定，表示"带领优秀青年学子走进非洲是极有远见的举措"，"清华学生是中国驻埃塞使馆迎来的第一批大学生，希望你们之中未来有人能投身中非合作事业，推动走出一条互利多赢、共同发展的新道路"。2017年元宵佳节，中国驻非盟使团大使在大使官邸与同学们会谈。他说，此次是驻非盟使团成立以来第一次接待国内大学生团，欢迎将来有更多青年学生参与中国驻非盟使团工作，在对非关系研究中发挥更大作用。

2018年1月，中国驻阿联酋大使在会见清华同学们时说："在中国日益走向世界舞台中央的今天，清华大学开设此门课程，是极具远见和富有战略意义的举措，对于学生深入了解当今世界、开拓国际视野具有积极意义。"大使表示，这是他第一次迎来国内的大学生调研团，希望清华大学利用自身一流学府的综合优势，开展对阿联酋的专题研究与交流合作，为深化中阿战略伙伴关系发展提供智力支持，希望有更多的中国青年投身中东地区发展。

2019年2月，笔者带学生在南非访问期间，走访了中国驻南非大使馆。大使与清华同学们进行了长达四个小时的交流，介绍南非乃至非洲在中国外交中的战略意义，中南关系的快速发展，南非具有的资源禀赋、区位突出和发展基础良好三大优势，让人深感南非是当代中国青年值得投身奋斗的一片热土。大使谈道，中国发展成就举世瞩目，中国特色大国外交大有可为，进入了蓬勃发展新阶段，欢迎广大有志青年以身许国，积极投身祖国外交事业，把世界当作家园和舞台。

　　"走出去"让当代中国青年切实看到世界的多样与复杂，看到中国的机遇与挑战，看到当代青年的责任与素质。更深层次地，要看到世界发展道路的多样性，看到资本主义、社会主义以及伊斯兰主义等不同民族、国家在道路选择中的历史经验与现实效果，善于以历史视角、文化视角、理性视角看待与比较不同国家的道路选择。走出中国看世界，站在世界看中国，迈向民族伟大复兴的中国要有更多的优秀青年人真正地爱自己的国家、懂不同的国家，如此，大同爱跻，祖国以光，才能让中国在新时代成为更加美好的国家，并与他国一道建立更加美好的世界、更加多样性的人类新文明。

　　2021年，巴基斯坦学者萨义德·哈桑·贾维德出版了《2050年的世界——中国、西方和伊斯兰文明的共处》一书①，该书作者在改革开放之初的20世纪80年代和21世纪开始在中国先后工作了近十年，对中国有着深入了解。在该书中，作者分析了当代国际权力体的变迁，希望强化对21世纪改变世界的潜在力量的全球理解（Global Understanding of the Undercurrents Shaping the 21st Century）。在英文版序言中，作者说：

　　　　1820年至2020年以来，在历经了两个世纪的沉寂之后，中国以惊人速度崛起为全球性领导大国，为重新构建和平、安全、和谐且幸福的世界秩序带来了希望。世界的游戏规则必须被改变，且终将被改变。国际社会对于重新开启名声扫地的冷战模式再无兴致，直到1991年苏联解体，零和思维作为20世纪的政治遗物被彻底抛弃，与当代世界的发展需求背道而驰。然而，西方不愿失去"怪物"，也不愿失去战争；如果没有，他们将竭力通过官方叙事和胡言乱语自行创造敌人。

---

① Syed Hasan Javed, China, West and the Islamic World, Paramount Books（Pvt.）Ltd, 2021. 本书中文版由笔者翻译，2022年出版。

在中文版序言中，作者谈道：

> 中国用了短短四十年便达到了西方国家四百年来通过殖民剥削达到的高度，而这一切的实现，没有依赖于对外发动战争，没有沉迷于到处抢劫和掠夺，没有发迹于大量石油或天然气开发，也没有寻求于国际金融机构的援助或投资，而主要得益于自身实力建设。中国摸索出的改革和创新相结合的中国特色道路，实现了从"东亚病夫"到全球性大国的身份转变，而西方则将精力浪费在无休止的战争冲突上。习近平主席提出的"一带一路"倡议以构建人类命运共同体为目标，预期在 2030 年前投入 4 万亿美元来拉动相关国的经济低迷态势，体现出了与周边国家共享繁荣，从而增进自身繁荣的天下大同式的中国哲学思考。

事实上，中国发展的成就获得了世界范围内的广大认同，不论是在伊斯兰世界还是在非洲，笔者在实地访问过程中都能得到正面积极友善的信息。整体来看，中国在参与新的世界秩序建构进程中，是以一种"自主性转型"与"差异性融入"的姿态进入的，这是完全不同于西方和近代现代化进程中已有经验的后发力量。中国崛起与中华文化日益成为一种人类新文明新形态，成为当代世界发展的另一种可能。现在，更需要的是，以积极的文化创造、文化传播来向全世界特别是西方世界讲清楚中国发展道路背后的文化价值观，讲清楚中华民族的历史文化追求，讲清楚中国共产党的文化品格；更重要的是，为和平、和谐的人类新文明找到一条更具"容"与"溶"的可能性。

中华文明是以人为主体、以实践为中心、以天下大同为追求的，这种文明观是基于中华民族独特的历史进程、历史追求、历史精神。为此，要推动"以中国为中心的史观重建"，强化以中国为中心的历史主体性，推动基于中国道路的历史叙事与文明对话。"今天，当我们以文明比较视野重新审视百年大党发展壮大的历程，重新审视马克思主义的中国化逻辑，越发觉得中国道路有其文明根源，更加清楚地认识到经典马克思主义作家那里，哪些是有效的普遍原理，哪些是有文明局限的'欧洲形式'。后者当中，部分是马克思本人已经清楚意识到的，部分还有待深入辨析；而前者之所以能够与中国革命、建设和改革开放相结合，在中国生根发芽，发展出'东方道路'，是因为它不仅符合中国社会发展的现实需要，而且也与中国历史文化的基本精神相贯通。"① 文化自信的重要表现在于：对不同文化，既能为我所用，又能为我所弃，切实掌握文化转型的自主性。国家的文化主体性、全民的文化认同与个体的身份认同是统一的。中华文化创造的原则是：守常知变，用中求和，坚持稳定性与创造性并重，坚持弘扬国粹与避免民粹并重。

在分析中国与世界的关系时，要坚持用科学的认识论。"世界与中国本身就是整体与部分的关系，两者之间不存在二元对立的关系。因此，以一种整体的、全球史的视角进行思考的话，中国的问题实际上是世界的问题，而世界的问题一定包含'中国'这个部分。所以，主流学术中的'西方理论、中国例子'是一种悖论和一种被西方话语霸权误导的学术模式，它缺乏历史唯物主义和辩证唯物主义的视角。"② 以历史的、联系的、辩证的观点来看当代世界的问题，就会看到中国在其中的有机性与主动性，看到中国在建构当代人类新文明中应该而且可以作出的更大贡献。

人类新文明是人类团结的新旗帜。建设人类的共同命运，关键是弘扬全人类共同价值，建设人类的共同文明。人类不需要少数西方国家主导下的强迫的、统一的、同质的文明进程。欧洲文明优越论有三个重要支点：宗教、种族、科学。当代西方的话语建构以这种"文明观"为起点和

---

① 李文堂：《以中国为中心的史观重建》，《文化纵横》2021 年第 3 期。
② 赵月枝：《中国新闻传播学访谈录》，河南大学出版社 2021 年版，第 438 页。

基点，再有"自由、民主、人权"等概念及其标准化定义，希望占据全球道义制高点。对中国来说，要以民族的眼光看世界的美景，形成追赶者的良好双重心态：既要打破自身束缚接受先进，又要从历史文化中找寻根基。在人类新文明建设中，打破单一参照体系，建立多样生态体系。对于西方文明观与话语体系中的内容，以真正平视的眼光、理性的态度进行分析与批判。

当代人类社会面临的全球性挑战和世界性冲突愈发清晰，这些问题的解决，需要新的技术与物质，但更需要的是新的文化与精神。以人类为中心、以平等为原则、以合作为方法、以自由为追求，这是新人文主义，是滋养人类发展的新的文化与精神。在此进程中，中华文化是世界可持续发展的强大人文能量，这也正是马克思主义与中华优秀传统文化相结合的时代意义所在。

2021 年是中国共产党成立一百周年的重要历史时刻，在党和人民胜利实现第一个百年奋斗目标全面建成小康社会后，正在向着全面建成社会主义现代化强国的第二个百年奋斗目标迈进。党的十九大对实现第二个百年奋斗目标作出分两个阶段推进的战略安排。从 2020 年到 2035 年基本实现社会主义现代化，从 2035 年到本世纪中叶把我国建成社会主义现代化强国。到 2049 年，我国物质文明、政治文明、精神文明、社会文明、生态文明将全面提升，中华民族将以更加昂扬的姿态屹立于世界民族之林。在此过程中，要不断增强中华民族的文化主体性意识，深入研究基于中华文化又适用于世界的全人类共同价值观并积极传播开来。

文创理论的目标是返璞归真、返本开新，以文创发展来提升中华文化创造力和影响力，建设人类新文明。这种理论提出新的文化创造维度：人类维度，而不仅是基于国家；未来维度，而不仅是基于当代；生活维度，而不仅是基于艺术。如此，中华文化将成为人类新文明中的活跃内核，展现更大的世界意义，放射出更加璀璨的光芒，如同百年前先哲泰戈尔所言，拿出中华文化的光亮来，加入世界的伟大灯会。

中华文化是具有强大生命力的，历经数千年绵延不息，在当代百年未有之大变局中，在中华民族伟大复兴的历史进程中，更应以崭新的理念、积极的姿态提升中华文化创造力。如此，是国家之幸，也是东方之幸、人类之幸。

后 记

　　2016 年 4 月 21 日下午，在清华大学 105 周年校庆来临之际，清华校友总会文创专业委员会成立大会在清华大学举行，副校长杨斌与文创专委会的三位顾问、故宫博物院院长单霁翔、北京电影学院原院长王凤生和清华大学国家文化产业研究中心主任熊澄宇一同为文创专委会揭牌。作为这个专委会的创始会长，我逐渐开始了与文创校友们的紧密联系与文创实践合作。这是清华校友总会成立的第一个行业专委会，目前联系的清华文创校友已经超过 2000 人。

　　2016 年 12 月 10 日下午，清华大学文化创意发展研究院成立大会在清华大学艺术博物馆举行，时任清华大学党委书记陈旭与国家文旅部、科技部领导等一同为研究院揭牌。这个机构由十二届全国人大教科文卫委员会主任委员柳斌杰倡议成立，并亲自担任创始院长直至 2021 年。我作为执行院长一直辅助柳院长的工作，广泛参与了大量文创研究的学术活动与智库报告撰写。

　　在这两个机构中的工作是本书研究内容的主要实践基础。随着研究的深入与实践的探索，我愈发意识到文创发展对中国发展的战略意义，也愈发意识到文创研究作为跨学科研究对象的独特意义。从实践上看，文创发展对于中国的文化软实力、国家形象都具有不可替代的关键性作用，要建设文化强国，就要提升中华文化创造力，基于文化传承进行文化创新，增强文化产业的国际竞争力；从学术上看，要建构文创理论，就要打破学科壁垒，基于交叉学科视角，实现对文创实践敏锐把握与积极尝试基础上的学理性阐释。

中国是"文化大国"，但还不是"文创大国"。在国际交流中，我发现，许多外国学者对中国历史传统认可度高，对中国当代文化发展认知度低，对中国只知道有多古老而不知道有多现代，只知道有许多文化而不知从哪里能看到这些文化，这就愈发促使我关注中国在文化传播与文化产业实践方面的探索，关注在文化发展理论方面的探索。欣喜的是，随着文创产业的蓬勃发展，文创理念逐渐形成，成为当代中华文化发展的新观念，也体现了中华文化的强大创造力。2016年，笔者撰文论述了这一理念，相关文章被《新华文摘》全文转载，关于文化科技融合发展的核心观点被《人民论坛》杂志评为"2017年理论界最具价值的70个观点"之一。之后，基于该理论的研究得到了2019年国家重点研发计划的支持。

围绕文化强国战略的实施，为了推动文创研究与实践，清华文创院积极承担国家文旅部、科技部、国家乡村振兴局等的课题，撰写智库报告，同时，与行业校友、地方政府、头部企业等密切合作，创立澳门自强文创智库，创设博鳌国潮文创论坛，探索文化产业赋能乡村振兴的乡创实践，推动基于文创理念的城市更新，开展数字文化产业研究，扩展文创领域的国际合作，开设课程培养青年文创人才。与此同时，我鼓励自己带的研究生开展文创产业实践，目前在浙江义乌李祖村与陕西礼泉袁家村都有这些优秀青年人的乡创项目。这些项目的成功展开让我对中华文化创造力与中国青年创造力更加充满信心。

在这些文创研究与实践中，我对文创发展的理论认识逐渐深入，发表了多篇论文，本书正是这些年理论思考的系统化呈现。文创理念的核心特征是创新与跨界，以一个更广阔、更多维的视角推动中华优秀传统文化的创造性转化与创新性发展，基于文创理念及其应用形成了文创理论。

感谢清华大学同事们、校友们的帮助，感谢兄弟院校文创研究同仁们的帮助，感谢相关政府机构领导的帮助，感谢许多文创企业的帮助，让我的研究与实践有了许多支持与鼓励。

感谢人民出版社的邀请，让我有机会把自己的思考整理出来，感谢孟雪博士的耐心与细致工作，让书稿更加严谨。

希望本书能够对新时代中国文化发展产生些许推动作用，成为中华文化创造力提升的一份学术力量。

胡　钰

2022 年 8 月 1 日于清华园

责任编辑：孟　雪
封面设计：刘　哲
责任校对：王春然

图书在版编目（CIP）数据

文创理论与中华文化创造力／胡钰　著．—北京：人民出版社，2022.8
（2022.11 重印）
ISBN 978－7－01－024777－9

Ⅰ.①文…　Ⅱ.①胡…　Ⅲ.①文化产品－研究－中国 ②中华文化－研究
Ⅳ.① G12 ② K203

中国版本图书馆 CIP 数据核字（2022）第 081796 号

文创理论与中华文化创造力
WENCHUANG LILUN YU ZHONGHUA WENHUA CHUANGZAOLI

胡　钰　著

人民出版社 出版发行
（100706　北京市东城区隆福寺街 99 号）

中煤（北京）印务有限公司印刷　新华书店经销

2022 年 8 月第 1 版　2022 年 11 月北京第 2 次印刷
开本：710 毫米 ×1000 毫米 1/16　印张：12.75
字数：165 千字

ISBN 978－7－01－024777－9　定价：52.00 元

邮购地址 100706　北京市东城区隆福寺街 99 号
人民东方图书销售中心　电话（010）65250042　65289539